기도의 능력

기도의 능력

E. M. 바운즈 지음
강봉재 옮김

미래사CROSS

목차

서문   5

1장 기도하는 사람이 필요하다   9

2장 우리의 만족은 하나님으로부터   17

3장 문자는 죽이는 것이요   23

4장 피해야할 경향들   29

5장 기도, 더없이 필요한 것   35

6장 기도 목회가 성공하려면   41

7장 기도에 많은 시간을 바쳐라   47

8장 기도는 이렇게 하라   53

9장 기도로 하루를 시작하라   59

10장 기도와 헌신이 연합하다   63

11장 헌신은 이렇게 하라   69

12장 마음의 준비를 하라   75

13장 은혜는 머리가 아니라 마음으로부터   81

14장 필요에 기름 부어라   85

15장 기름 부음, 참된 복음 전파의 표지   89

16장 기름 부음을 위해 기도에 힘쓰라   95

17장 기도, 영적 리더십의 표지   101

18장 설교자를 위해 기도하라   109

19장 기도가 큰 열매를 맺도록 숙고하라   117

20장 설교자가 먼저 기도하라   125

영어 원문   131

서문
foreword

    기도의 중요성은 아무리 강조해도 지나치지 않을 것입니다. 성경을 펼치면 기도의 중요성을 몸으로 드러낸 위인들을 쉽게 만날 수 있습니다. 아브라함은 가는 곳마다 제단을 쌓았고, 야곱은 동이 틀 때까지 밤새도록 하나님과 씨름하였고, 다윗은 이른 새벽에 하나님을 찾아 오랜 시간 사귐을 가졌고, 다니엘은 하루에 세 번씩이나 장시간 기도하였고, 바울은 자신이 세운 교회와 성도들을 위해 끊임없이 기도했습니다. 우리 주님은 많은 밤을 기도하면서 지새우셨고, 새벽 미명에 한적한 곳에 가셔서 기도하시기 일쑤였습니다.

    기도의 대가들은 교회사에도 숱하게 나옵니다. 랜슬릿 앤드루스 감독은 하루에 다섯 시간 이상을 기도하는데 바쳤고, 찰스 시므온은 매일 새벽 네 시부터 여덟 시까지 기도하였고, 존 웨슬리는 매일 새벽 네 시에 일어나 두 시간씩 기도하였고, 존 플레

처는 지속적인 기도의 숨결로 벽을 얼룩지게 하였고, 마르틴 루터는 매일 두세 시간씩 기도하는 것을 습관화하였고, 새뮤얼 러더퍼드는 하나님을 만나기 위해 매일 새벽 세 시에 일어났고, 존 웰치는 여덟 시간에서 열 시간을 기도하지 않으면 그날 하루를 망쳤다고 생각하였고, 데이비드 브레이너드는 몸에 밴 습관처럼 오두막에서 홀로 기도하는 것을 즐겨하였습니다.

이십대 초반 변호사로 활동하기도 했던 바운즈는 미국의 3차 영적 대각성에서 변화를 받아 목회의 길로 들어서 여러 교회를 섬겼습니다. 그는 모두 열한 권의 책을 썼는데, 그 가운데 아홉 권은 기도라는 주제에 초점을 맞추고 있습니다. 아홉 권의 책 제목은 다음과 같습니다. 『기도의 능력』, 『기도와 기도하는 사람들』, 『기도의 목적』, 『기도의 본질들』, 『기도의 필요성』, 『기도의 가능성들』, 『기도의 실재』, 『기도의 무기』, 『설교자와 기도』.

『기도의 능력』은 주로 목회자(설교자)들을 염두에 두고 있지만 일반 성도들도 깊이 새겨야 할 내용들이 많습니다. 바운즈는 이 책에서 목회자들이 기도를 홀대하고 강단에서 뜨거운 기도가 사라진 현실을 개탄하면서 다시금 기도에 불을 지필 것을 촉구하고 있습니다. 바운즈는 시종일관 기도가 목회자들에게 더없이 필요한 것임을 역설합니다. "기도를 자신의 삶과 목회를 좌우하는 요소로 삼지 못하는 설교자는 누구든 이 세상에서 하나님의 사역을 감당하고 하나님의 대의를 펼치기에는 역부족입니다." 바운즈는 목회자가 단연코 기도하는 사람이 되어야 하고, 골방에서 홀로 하나님과 함께하는 시간을 가져야 강단에서 능력 있는 말씀을 선포할 수 있다고 주장합니다. 기도의 회복이 곧 교회를 든든히 세우고 성도들의 믿음을 회복하는 요체임을 강조합니다.

바운즈는 이 책에서 때로는 비유를 통해, 때로는 구체적인 사례를 통해 기도가 '엄숙한 허드렛일'로 전락한 우울한 현실에 노련한 외과의처럼 날카로운 메스를 가합니다. 치부를 드러내는 것에 그치지 않고 나름의 해결책을 제시합니다. 왜 기도해야 하는지를, 어떻게 기도해야 하는지를, 그리고 무엇을 위해 기도해야 하는지를 설득력 있게 보여주고 있습니다. 이 책을 읽다 보면 기도의 묘미를 느끼는 목회자들과 신자들은 기도에 더욱 힘쓰게 되고, 그렇지 않은 사람들은 마음에 찔림을 받아 결단을 내리게 될 것입니다.

누군가 "세상에서 가장 힘든 여정은 머리에서 가슴에 이르는 길"이라고 했습니다. 머리로 아는 것을 가슴으로 느끼기가 쉽지 않다는 말이겠지요. 저는 여기서 한 걸음 더 나아가 무릎까지 이르러야 한다고 생각합니다. 기도의 필요성과 가치를 알고 느끼더라도 실천에 옮기지 않으면 미완성일 뿐이기 때문입니다. 이 책을 번역하면서 참으로 많은 도전과 자극을 받았습니다. 얼굴이 화끈거릴 때도 적지 않았습니다. 이제 "하나님께 이르는 가장 쉽고도 가장 어려운 길(필립 얀시)"인 기도의 여정을 떠납니다. "주님은 분명히 들으신다. 귀를 만드신 분이 듣지 않으실 리가 있겠는가?(조지 허버트)"를 가슴에 새기면서 말입니다.

옮긴이

01

기도하는 사람이 필요하다

Men of Prayer Needed

삶의 보편적 성결을 배우십시오. 당신이 전적으로 쓸모 있는지는 이에 달렸습니다. 당신의 설교는 한두 시간 후면 잊히지만 삶으로 보여주는 설교는 일주일 내내 지속되기 때문입니다. 탐욕스러운 목회자가 사탄의 꾐에 홀딱 빠져 칭찬과 쾌락, 미식(美食)을 즐기게 되면 목회는 그것으로 끝입니다. 기도에 힘쓰십시오. 그리고 당신의 텍스트, 당신의 생각, 당신의 말을 하나님께 구하십시오. 루터는 하루 중 가장 좋은 세 시간을 기도하면서 보냈습니다.

-로버트 머리 맥체인

우리는 교회를 성장시키고, 복음을 효율적으로 전할 수 있는 새로운 방식과 새로운 계획, 새로운 조직을 구상하는 데 부단히 신경을 씁니다. 사정이 이렇다 보니 계획이나 조직에서 인간은 안중에 없거나 뒷전으로 밀리기 일쑤입니다.

하나님의 뜻은 인간을 중시하는 것입니다. 세상 그 어느 것보다 인간을 훨씬 더 귀하게 여기는 것입니다. 인간은 하나님의 수

단입니다. 교회는 더 나은 방식을 찾지만 하나님은 더 나은 사람을 찾고 있습니다. "하나님께로부터 보내심을 받은 사람이 있으니 그의 이름은 요한이라"(요 1:6). 그리스도의 오심을 예고하고 그분의 길을 예비하신 하나님의 섭리는 요한이라는 사람과 깊은 연관이 있습니다. "한 아기가 우리에게 났고, 한 아들을 우리에게 주신 바 되었는데"(사 9:6). 세상 구원은 요람에 누인 저 하나님의 아들 예수에게서 옵니다. 바울은 세상에 복음의 뿌리를 내린 사람들의 개인적 특성에 호소할 때 그들의 성공 비결을 찾았습니다.

복음의 영광과 효율성은 복음을 선포하는 사람들에게 성패가 달려있습니다. "여호와의 눈은 온 땅을 두루 감찰하사 전심으로 자기에게 향하는 자들을 위하여 능력을 베푸시나니"(대하 16:9)라는 말씀에 담긴 의미는 하나님이 인간을 필요로 하시고 인간을 통로로 삼아 자신의 능력을 세상에 펼치신다는 것입니다. 조직을 중시하는 요즘 세대는 이 필수적이고 시급한 진리를 곧잘 잊어버립니다. 이 진리를 망각하면 하나님의 사역은 치명타를 입습니다. 우주에서 태양이 사라지면 치명적 결과를 낳듯이 말입니다. 어둠과 혼란, 죽음이 뒤따를 것입니다.

오늘날 교회에 필요한 것은 더 많은, 혹은 더 나은 조직이 아닙니다. 새로운 조직이나 기발한 방식도 아닙니다. 성령이 쓰시는 사람은 곧 기도하는 사람, 기도에 능한 사람입니다. 성령은 방식이 아니라 사람을 통해 오시고, 조직이 아니라 사람에게 임하십니다. 성령은 계획이 아니라 사람에게 기름을 부으십니다.

한 저명한 역사가는, 이성적인 역사가들이나 민주적인 정치가들의 생각과 달리 우연히 형성되는 개인적 특성이 국가의 변혁과 밀접한 관계가 있다고 말한 바 있습니다. 이 진리는 세상을 기독교화하고 국가와 개인을 변혁시키는 그리스도의 복음, 그리스도를 따르는 사람들의 성품과 행동에도 그대로 적용됩니다. 아울러 이 진리는 복음을 전하는 사람들 사이에서 명명백백한 사실입니다.

복음의 운명과 성격은 설교자에게 달려 있습니다. 설교자는 하나님이 인간에게 주시는 메시지를 살리기도 하고 죽이기도 합니다. 설교자는 성유(聖油)가 흐르는 황금 도관입니다. 도관은 재질이 황금일 뿐 아니라, 속이 비어 있고 흠도 없어야 합니다. 그래야 기름이 한 방울도 낭비되지 않고 순탄하게 흐를 수 있습니다.

사람이 설교자가 되고, 하나님은 사람을 만드십니다. 전달자는 메시지보다 중요하다고 할 수 있습니다. 설교자는 설교보다 중요합니다. 설교자가 말씀을 전하기 때문입니다. 생명을 주는 모유가 어머니의 생명 자체이듯, 설교자가 전하는 모든 말씀은 설교자의 인품에 의해 착색되고 가득 스며듭니다. 보물은 흙으로 빚은 그릇 안에 있는데, 그릇의 풍미가 보물에 가득 스며들어 변색시킬지도 모릅니다. 설교 이면에는 인간, 전인(全人)이 있습니다. 설교는 한 시간짜리 공연이 아닙니다. 설교는 생명이 밖으로 흘러나오는 것입니다. 설교하는 데 20년이 걸립니다. 어엿한 인간으로 성장하는 데 20년이 걸리기 때문입니다. 참된 설교는 생명을 이야기합니다. 인간이 성장하기에 설교도 성장합니다. 인간이 힘이 있기에 설교도 힘이 있습니다. 인간이 거룩하기에 설교도 거룩합니다. 인간이 거룩한 기름 부음으로 충만하기에 설교도 거룩한 기름 부음으로 충만합니다.

바울은 복음을 '나의 복음'으로 일컬었습니다. 이는 그가 자신의 기이한 성격으로 복음의 질을 떨어뜨렸다거나 사리사욕을 채우려 복음을 이용했다는 말이 아닙니다. 바울의 특성들에 의해 실행에 옮겨질, 그의 불타는 영이 발산하는 뜨거운 에너지에 의해 불이 붙고 능력이 주어질 개인적 신뢰로서의 복음이 인간 바울의 가슴과 피 속에 녹아들었다는 뜻입니다. 바울은 어떤 설교를 했습니까? 그 설교들은 어디 있습니까? 해골, 흩뿌려진 조각들이 되어 영감의 바다 위를 표류합니다.하지만 자신의 설교보다 더 위대한 인간 바울은 지금도 교회에 영향을 끼치면서 완전한 모습과 특징, 고매함으로 영원히 살아 있습니다. 설교는 그저 목소리에 불과합니다. 목소리는 침묵 속에서 사그라지고, 텍스트는 잊히며, 설교는 기억에서 서서히 사라집니다. 하지만 설교자는 건재합니다.

생명을 부여하는 힘에서 설교는 사람을 능가하지 못합니다. 죽은 사람은 죽은 설교를 하고, 죽은 설교는 사람을 죽입니다. 모든 것이 설교자의 영적 특성에 달려 있습니다. 유대교에서는 대제사장이 축성할 때 황금으로 된 머리띠에 '여호와께 거룩함'이라고 쓰인 보석이 박힌 글자들을 새겨 넣었습니다. 따라서 그리스도의 목회를 하는 모든 설교자들은 이와 똑같은 구호에 의해 빚어지고 길들여져야 합니다. 목회자가 품성의 거룩함과 목적의 거룩함에서 유대교 제사장보다 수준이 떨어진다면 정말 부끄러운 일입니다.

조너선 에드워즈(Jonathan Edwards)는 이렇게 말했습니다. "나는 더 거룩해지고 더 그리스도를 닮기 위해 무척 애를 썼습니다. 내가 바라는 천국은 거룩한 천국이었습니다."

그리스도의 복음은 세상 장단에 춤추지 않습니다. 자신을 널리 알리는 능력도 없습니다. 복음을 맡은 사람들이 하는 대로 따라할 뿐입니다. 복음에는 설교자의 인격이 녹아들어야 합니다. 복음의 거룩하고 매우 뚜렷한 특징들은 설교자를 통해 구현되어야 합니다. 사랑의 능력은 투사하고, 기이하고, 모든 것을 다스리고, 자신을 망각하는 힘으로써 설교자를 구속해야 합니다. 극기의 에너지가 그의 존재, 그의 가슴과 피, 그리고 뼈가 되어야 합니다.

설교자는 사람들과 어울리고, 겸손으로 옷 입고, 온유함 가운데 거하고, 뱀처럼 지혜롭고 비둘기처럼 순결한 존재로 나아가야 합니다. 설교자는 종의 신분이지만 왕, 곧 고결하고 당당하고 의존적인 관계를 유지하고 어린이의 천진난만함과 사랑스러움을 지닌 왕이라는 의식을 가져야 합니다. 그리고 완벽하고 자기를 비우는 믿음과 자기를 불태우는 열정으로 인간을 구원하는 사역에 투신해야 합니다. 하나님을 위해 한 세대를 붙들고 이끄는 사람들은 마음에서 우러나고 영웅적이고 동정심을 베풀고 두려움을 모르는 순교자가 되어야 합니다. 설교자들이 소심하여 시류에 편승하고 높은 자리를 탐한다면, 사람을 기쁘게 하거나 두려워한다면, 하나님 혹은 그분의 말씀에 대한 믿음이 흔들린다면, 자신이나 세상의 형편에 따라 극기를 포기한다면 하나님을 위해 교회도 세상도 붙잡을 수 없습니다.

매우 날카로우면서도 힘찬 말씀은 설교자 본인이 들어야 합니다. 설교자의 버겁고 세심하고 힘들고 빈틈없는 사역은 본인이 감당해야 합니다. 열두 제자를 훈련시키는 일은 그리스도에게 중요하고 힘들며 인내심을 요하는 사역이었습니다. 설교자는 설교를 만드는 사람이 아니라, 사람을 성도로 만드는 사람입니다. 자기 자신을 인간이자 성도로 만든 설교자만이 이 사역의 적임자입니다. 하나님께는 뛰어난 재능도 뛰어난 학식도 뛰어난 설교자도 필요 없습니다. 성결하고 믿음과 사랑이 크고 충성심이 큰 사람, 강단에서 늘 거룩한 말씀을 전하고 그 말씀대로 거룩하게 사는 사람이 필요합니다. 이들이 하나님을 위해 한 세대를 빚을 수 있습니다.

이를 본받아 초대 그리스도인들이 탄생했습니다. 그들은 심지가 굳은 사람들, 천국의 유형을 추구하는 설교자들, 이를테면 영웅적이고 용감하고 씩씩하고 거룩한 사람들이었습니다. 초대 그리스도인들에게 설교는 자기를 부인하고 자신을 십자가에 못 박고, 고되면서도 순교를 각오하는 일이었습니다. 그들은 자신들이 전하는 말씀을 실천에 옮겼고, 이는 그들 세대에 영향을 미쳤습니다. 그리고 하나님을 위해, 설교의 태내에 아직 태어나지 않은 세대를 잉태했습니다. 설교하는 사람은 기도하는 사람이어야 합니다. 기도는 설교자의 가장 강력한 무기입니다. 그 자체로 천하무적의 힘인 기도는 모든 것에 생명과 힘을 부여합니다.

참된 설교나 하나님의 사람은 골방에서 만들어집니다. 설교자의 삶과 깊은 확신은 하나님과 은밀히 사귀는 가운데 탄생합니다. 그의 영혼의 괴롭고 슬픈 고뇌, 심금을 울리는 아름다운 메시지는 홀로 하나님과 함께할 때 생겨납니다. 기도가 사람을 만들며 설교자를 만들고 목사를 만듭니다.

현대 강단은 기도에 약합니다. 학식의 자랑은 기도에 의지하는 겸손에 맞섭니다. 강단의 기도는 일상적인 예배를 위한 퍼포먼스처럼 공적인 성향을 가질 때가 많습니다. 오늘날 강단에서 드리는 기도는 바울의 삶이나 목회를 지배했던 그 힘이 없습니다. 기도를 자신의 삶과 목회를 좌우하는 요소로 삼지 못하는 설교자는 누구든 이 세상에서 하나님의 사역을 감당하고 하나님의 대의를 펼치기에는 역부족입니다.

02
우리의 만족은 하나님으로부터
Our Sufficiency Is of God

하지만 그는 무엇보다도 기도에 능했습니다. 그의 영혼은 내면을 지향하고 무게를 지녔으며, 연설과 행동에서는 존경심과 장중함이 묻어났고, 말수는 적었지만 내용은 충실했습니다. 그의 이러한 모습에서 사람들은 위안을 받았고 낯선 사람들까지도 종종 경탄하곤 했습니다. 이 말은 꼭 해야겠습니다. 그의 기도야말로 내가 일찍이 느꼈거나 바라본 가장 장엄하고 생생하며 경외심을 불러일으키는 틀이었다고. 진실로 그의 기도는 간증이었습니다. 그는 주님을 알았고, 다른 사람들보다 더 주님 가까이에서 살았습니다. 이로써 그를 잘 아는 사람들은 그에게 다가갈 때 존경심과 두려움을 느낄 수밖에 없는 이유가 충분함을 알게 될 것입니다.

-윌리엄 펜

아무리 달콤한 은혜라도 조금만 허투루 쓰면 심한 악취가 날 수 있습니다. 태양은 생명을 주지만, 일사병은 죽음에 이르게 합니다. 설교는 사람을 살리기도 하지만 죽이기도 합니다. 열쇠는 설교자가 갖고 있습니다. 설교자는 열기도 하고 닫기도 합니다. 설교는 영적 삶의 시작과 성숙을 위해 하나님이 제정하신 위대한 방편입니다. 설교를 제대로 하면 그 유익은 이루 헤아릴 수 없습니다. 하지만 잘못하면 그 해악은 상상을 초월합니다. 목자가 방심하거나 목초지가 쑥밭이 되면 양 떼를 죽이는 것은 순식간이고, 경계병이 졸거나 식량과 물에 독을 넣는다면 성이 함락되는 것은 시간문제입니다. 그처럼 은혜로운 특권들이 주어지는 반면 다수의 무거운 책임과 매우 심각한 악들에 노출되는 것이 설교입니다. 설교는 악마가 자기 주인의 영향력을 빌려 설교자와 그가 전하는 말씀에 먹칠하지 않는다면, 악마의 기민함을 조롱하고 그의 성품과 명성에 흠집을 내게 될 것입니다. 이 모든 것에도 불구하고, 바울의 감탄 섞인 질문 "누가 이 일을 감당하리요?(고후 2:16)"는 결코 이치에 어긋나지 않습니다.

바울은 말합니다. "우리가 무슨 일이든지 우리에게서 난 것 같이 스스로 만족할 것이 아니니 우리의 만족은 오직 하나님으로부터 나느니라 그가 또한 우리를 새 언약의 일꾼 되기에 만족하게 하셨으니 율법 조문으로 하지 아니하고 오직 영으로 함이니 율법 조문은 죽이는 것이요 영은 살리는 것이니라"(고후 3:5~6). 진정한 목회는 하나님이 만져주고, 하나님이 가능케 하며, 하나님이 만드십니다. 하나님의 영은 설교자에게 능력으로 임하여 기름을 부어주십니다. 성령은 설교자의 마음속에 열매를 맺습니다. 하나님의 영은 사람과 말씀에 생기를 주십니다. 설교자가 전하는 말씀은 생명을 줍니다. 봄이 생명을 주듯이, 부활이 생명을 주듯이, 여름이 뜨거운 생명을 주듯이, 가을이 열매 맺는 생명을 주듯이 그렇게 말입니다. 생명을 주는 설교자는 하나님의 사람입니다. 그의 마음은 언제나 하나님을 갈망합니다. 그의 영은 언제나 하나님을 열심히 좇습니다. 그의 눈은 하나님만을 바라봅니다. 설교자는 성령의 능력으로 육체와 세상을 십자가에 못 박았고, 그의 목회는 생명을 주되 분에 넘치게 주는 강과 같습니다.

죽이는 설교는 육적인 설교입니다. 설교의 능력이 하나님으로부터 오지 않습니다. 그 설교에 힘을 실어주고 격려하는 것은 하나님보다 차원이 낮은 원천들입니다. 설교자든 그가 전하는 말씀이든 성령은 눈에 띄지 않습니다. 죽이는 설교는 온갖 종류의 힘들을 투사하고 북돋울지 모르지만 그 힘들은 영적이지 않습니다. 영적인 힘들을 닮은 듯하지만, 그림자요 모조품에 불과합니다. 죽이는 설교는 생명이 있는 것처럼 보일지도 모르나, 그 생명은 사람들을 현혹시키는 것입니다. 죽이는 설교는 문자입니다. 모양새가 좋고 논리정연해 보여도 여전히 문자입니다. 딱딱하고 메마른 문자, 속이 텅 빈 껍데기입니다. 문자는 생명의 근원이 있을지도 모르지만 생명을 불어넣는 봄의 숨결은 없습니다. 죽이는 설교는 겨울 씨앗입니다. 겨울 토양처럼 딱딱하고, 겨울 공기처럼 몹시 차갑습니다. 냉기를 없애지도 씨앗을 싹트게 하지도 못합니다. 이 문자 설교에는 진리가 있습니다. 하지만 진리라 할지라도 그 자체에 생명을 주는 에너지가 없습니다. 그 진리는 하나님이 온갖 능력으로 후원하시고, 성령이 활기를 불어넣어주셔야 합니다. 하나님의 영에 힘입지 않는 진리는 오류만큼, 혹은 그보다 더 많은 죽음을 초래합니다. 그 진리는 성령의 간섭이 없을지도 모릅니다. 하지만 성령이 없다면 문자 설교가 드리우는 그늘과 내미는 손길은 치명적이고, 그 진리 역시 오류이며 그 빛은 어둠입니다. 문자 설교는 성령의 역사도 기름 부음도 없습니다. 눈물이 있을지도 모르지만, 눈물로는 하나님의 조직을 운영하지 못합니다. 눈물이란 한갓 눈 덮인 빙산에 내려앉는 여름날의 숨결, 땅의 진창길일지도 모릅니다. 감정과 진지함이 있을지는 모르지만 그것은 배우의 감정이요 변호사의 진지함입니다.

설교자는 스스로 지피는 불에서 무언가 느끼고, 성경 해석을 탁월하게 하며, 두뇌 활동의 산물을 열심히 전할지도 모릅니다. 교수는 사도의 자리를 빼앗고 사도의 뜨거운 열정을 흉내 낼지도 모릅니다. 지성과 용기가 성령의 자리를 빛내고 성령님의 사역을 모방할지도 모릅니다. 그리고 이러한 힘들에 의해 문자는 해석된 텍스트처럼 빛나고 반짝일 수 있습니다. 하지만 이 빛과 광채는 진주를 뿌린 밭처럼 삶을 척박하게 만들 것입니다. 말씀, 설교, 행사, 태도 등 모든 것들의 이면에 죽음을 다루는 요소가 놓여 있습니다. 큰 장애물은 설교자 자신에게 있습니다. 본래 설교자는 생명을 창조하는 강력한 힘이 없습니다. 설교자의 정설(正說), 솔직함, 결백, 혹은 진지함을 폄하하는 것은 아닙니다. 그러나 설교자, 설교자의 속사람은 은밀한 곳에서 망가져 하나님께 한 번도 항복한 적이 없고, 그의 내적 삶은 하나님의 메시지와 하나님의 능력을 거침없이 전할 수 있는 탄탄대로가 아닙니다. 어쨌든 지성소를 지배하는 것은 하나님이 아니라 설교자의 자아입니다. 어딘가에서 설교자가 전혀 의식하지 못하는 가운데 어떤 영적 절연체(non-conductor)가 그의 속사람을 건드리면서 영적 전류가 차단되었습니다. 그의 속사람은 자신의 철저한 영적 파산을, 자신의 완전한 무기력을 전혀 의식하지 못했습니다. 설교자가 절망과 속수무책으로 크게 비명을 지를 때 비로소 하나님의 능력과 하나님의 불이 내려와 그를 덮고 정화하며 힘을 북돋아줍니다. 자긍심과 자신감은 하나님을 위해 거룩하게 보존되어야 할 성전을 훼손하고 어지럽혀 회복이 어려운 상태로 만들었습니다. 생명을 주는 설교에는 설교자의 많은 희생, 즉 자아에 대해 죽고 세상에 대해 십자가에 못 박히고 영적으로 고뇌하는 일이 따릅니다. 십자가에 못 박힌 설교만이 생명을 줄 수 있습니다. 십자가에 못 박힌 설교는 십자가에 못 박힌 사람만이 할 수 있습니다.

03

문자는 죽이는 것이요

The Letter Killeth

건강을 즐길 때는 그러지 않다가 이렇게 아프고 보니 영원이라는 관점에서 제 삶을 보다 면밀히 살펴보게 되었습니다. 한 인간으로서, 목사로서 그리고 교회 행정가로서 제 동료들에 대한 의무에서 벗어난 것과 관련하여 제 삶을 살펴본 결과 양심에 꺼리는 일은 없었습니다. 하지만 저를 구속하고 구원하신 분과 관련해서는 결과가 딴판이었습니다. 유년기부터 노년에 이르기까지 삶의 우여곡절을 겪으면서 제 자신을 구속하고 지키며 감싸는 일에는 열심이었지만 주님께 감사를 드리고 사랑으로 순종하는 일에는 소홀했습니다. 주님은 저를 먼저 사랑하고 분에 넘치도록 베푸신 반면 저는 그분에게 냉담했다는 사실에 당혹감을 감출 수 없었습니다. 그리고 저의 비열한 성품을 고치려면 제 의무와 특권에 맞게 주어진 은혜를 잘 이용했어야 했는데 게으름 때문에 그러지 못했습니다. 그리하여 까다로운 걱정과 수고는 많이 하는 반면 처음의 열정과 사랑은 식어버렸습니다. 저는 어찌할 바를 몰랐고, 스스로를 낮추고, 자비를 구하고, 분투하고, 주님께 기탄없이 헌신하겠다는 다짐을 새롭게 했습니다.

-맥켄드리 감독

죽이는 설교는 정통일지도 모릅니다. 그리고 교리적으로 누구도 범할 수 없는 정통일 때가 종종 있습니다. 우리는 정통을 좋아합니다. 정통은 좋은 것입니다. 정통은 최선입니다. 정통은 하나님 말씀에 대한 완전하고 명쾌한 가르침, 오류와의 대결에서 진리가 얻은 트로피, 솔직하거나 분별없는 이단 신앙 내지는 불신이라는 거센 파도에 맞서 믿음이 쌓아올린 둑입니다. 하지만 수정처럼 투명하고 단단하며, 수상쩍고 호전적인 정통은 모양새가 좋고 이름이 잘 지어진 박학다식한 문자, 죽이는 문자에 불과할지도 모릅니다. 죽은 정통처럼 완전히 죽은 것은 없습니다. 그것은 지나치게 죽어서 숙고할 수 없고, 생각도 연구도 기도도 할 수 없습니다.

죽이는 설교는 원칙을 꿰뚫고 이해할지도 모르고, 스타일이 학문적이거나 비판적일지도 모르고, 문자의 파생과 문법을 낱낱이 꿰고 있을지도 모르고, 문자를 손질하여 완벽한 패턴으로 만들 수 있을지도 모르고, 플라톤(platon)과 키케로(Marcus Tullius Cicero)를 조명하듯 문자를 조명할지도 모르고, 변호사가 소송사건의 적요서(brief)를 작성하거나 자신의 입장을 옹호하기 위해 법률서를 연구하듯 문자를 연구할지도 모릅니다. 그럼에도 죽이는 설교는 서리, 죽이는 서리와 같습니다. 문자 설교는 능변이고, 시와 수사학으로 화려하게 장식되고, 감각이라는 양념으로 버무린 기도로 흩뿌려지고, 비범한 재능으로 조명될지도 모릅니다. 그럼에도 이것들은 육중하든 간소하든 값비싼 장식용 마구(馬具)나, 관에 넣는 아름다운 꽃들에 불과할 수도 있습니다. 죽이는 설교는 학문적 깊이가 없고, 어떤 참신한 생각이나 느낌이라는 특징도 없고, 멋없는 일반론이나 생기를 잃은 전문성으로 옷 입고, 스타일은 비정상인 데다 단정치 못하고, 골방이나 서재라는 느낌도 들지 않고, 생각이나 표현 혹은 기도에 의해 아름답게 장식되지 못할지도 모릅니다. 그런 설교를 들을 때 느껴지는 이루 말할 수 없는 황량함이란! 영적 죽음의 심각함이란!

이 문자 설교는 사물 자체가 아닌, 사물의 겉과 그늘을 다룹니다. 내면으로는 침투하지 않습니다. 하나님 말씀에 숨겨진 생명에 대한 깊은 통찰도, 확실한 이해도 없습니다. 겉으로는 진리이지만, 겉이란 중핵을 찾기 위해 깨뜨려서 그 안으로 침투해야 하는 껍데기일 뿐입니다. 문자는 흥미를 끌고 유행을 따르기 위해 치장될 수 있을지도 모릅니다. 하지만 이는 하나님을 지향하는 흥미 끌기도, 천국을 위한 유행 따르기도 아닙니다. 잘못은 설교자에게 있습니다. 하나님은 이런 설교자를 만들지 않았습니다. 죽이는 설교를 하는 사람은 토기장이의 손에 있는 흙처럼 단 한 번도 하나님의 손 안에 들어 있었던 적이 없습니다. 그는 설교 준비(구상과 마무리, 윤곽 잡기와 인상적인 대목 넣기)로 늘 바빴지만, 하나님의 심오한 것들은 한 번도 추구하고 연구하고 탐색하고 체험한 적이 없습니다. 그는 한 번도 "높이 들린 보좌"(사 6:1) 앞에 선 적도, 천사들의 찬양을 들은 적도, 환상을 본 적도, 저 장엄한 거룩함이 밀려들자 자신의 약함과 죄악이 느껴져 완전한 포기와 절망 가운데 울부짖은 적도 없습니다. 자신의 삶을 새롭게 하고, 자신의 마음을 하나님의 제단에서 활활 타고 있는 숯불에 접촉하여 깨끗하게 하고 자극받게 한 적도 없습니다. 그의 목회는 사람들을 자신에게로, 교회로, 형상과 예식으로 이끌지는 모르지만, 진심으로 하나님께 다가가게 하거나, 그분과 지극히 거룩하면서도 멋진 사귐을 갖게 하지는 못할 것입니다. 교회는 프레스코화로 장식되었지만 품격은 떨어졌고, 만족은 느꼈지만 거룩함을 잃었습니다. 삶은 억압되고 여름 공기는 차갑고 땅은 뜨겁게 달구어집니다. 하나님의 도성은 죽은 자들의 도성으로 전락합니다. 교회는 전투태세를 갖춘 군대가 아니라 묘지로 전락합니다. 찬양과 기도는 질식하고 예배는 활기를 잃었습니다. 설교자와 그가 전하는 말씀은 거룩함이 아닌 죄를 키웠습니다. 사람들을 천국이 아닌 지옥으로 보냈습니다.

죽이는 설교는 기도가 없는 설교입니다. 기도하지 않는 설교자는 생명이 아닌 죽음을 창조합니다. 기도가 약한 설교자는 생명을 주는 힘도 약합니다. 설교자가 자신의 기질을 드러내고, 지배하다시피 하는 요소인 기도를 뒷전으로 내몰면 설교 특유의 생명을 주는 능력은 상실됩니다. 직업상 하는 기도는 지금도 있고 앞으로도 있을 것입니다. 하지만 그런 기도는 설교를 치명적인 사역으로 전락시키는 데 일조합니다.

직업적으로 하는 기도는 설교와 기도 둘 다 차갑게 만들고 죽입니다. 헌신이 느슨해지고 회중기도가 나태해지고 경건함을 잃는 것은 대체로 강단에서 직업적인 기도를 하기 때문입니다. 강단에서 하는 기도는 대부분 장황하고 산만하고 메마르고 공허합니다. 기름 부음이나 성의가 없는 그런 기도는 서리처럼 내려 예배가 주는 온갖 은혜를 파괴합니다. 그런 기도는 죽음을 다룹니다. 그런 기도가 숨을 내쉬면 헌신의 온갖 흔적들은 소멸됩니다. 기도가 치명적일수록 그러한 기도의 수명은 늘어납니다. 짧은 기도, 살아 있는 기도, 마음에서 우러나는 참된 기도, 성령에 힘입은 기도(강단에서 드리는 솔직하고 구체적이고 뜨겁고 단순하고 기름 부음을 받는 기도)를 드려야겠습니다. 설교자에게 하나님의 뜻대로 기도하는 법을 가르치는 학교는 세상 어떤 신학교보다 참된 경건과 참된 예배, 참된 설교에 더 많은 유익을 끼칠 것입니다.

중단하십시오! 멈추십시오! 숙고하십시오! 우리는 어디에 있습니까? 우리는 무엇을 하고 있습니까? 죽이는 설교를 하고 있습니까? 죽이는 기도를 하고 있습니까? 하나님께 기도하십시오! 위대하신 하나님, 천지만물을 지으신 분, 모든 인간을 심판하시는 분에게 기도하십시오! 얼마나 경건한지요! 얼마나 단순한지요! 얼마나 진실한지요! 내면세계에서는 얼마나 진리를 요구하는지요! 우리는 얼마나 참되어야 하는지요! 얼마나 진심어려야 하는지요. 가장 고귀한 연습, 인간의 가장 고상한 노력, 가장 진실한 것을 위해 하나님께 기도하십시오. 영원토록 저주받은 죽이는 설교와 죽이는 기도를 버리고 진실한 것, 가장 강력한 것(기도다운 기도, 생명을 창조하는 설교)을 행하고, 하늘과 땅을 뒤흔들 힘을 일으키고, 궁핍하고 비루한 인간을 위해 하나님이 언제든 주실 무궁무진한 보물에 의존해야 하지 않겠습니까?

04

피해야 할 경향들

Tendencies to Be Avoided

그들을 구원하지 않고는 그 어떤 일로도 행복할 수 없기에 미국의 숲속에서, 죽어가는 이방인들을 위해 하나님 앞에서 자신의 영혼까지도 쏟아낸 브레이너드를 종종 바라봅니다. 모든 개인 경건의 밑바탕에는 기도, 곧 은밀하고 뜨겁고 신뢰하는 기도가 놓여 있습니다. 선교사의 사역지에서 사용되는 언어에 대한 해박한 지식과 온화하고 매력적인 성품, 은밀한 신앙 가운데 하나님께 순복하는 마음, 바로 이것들이 그 어떤 지식보다도, 그 어떤 은사보다도 우리가 인간 구속이라는 하나님의 위대한 사역을 감당하는 데 적합한 도구가 될 것입니다.

-세람포르, 캐리의 형제단

목회에는 두 가지 극단적 경향이 있습니다. 하나는 사람들과의 사귐을 끊는 것입니다. 수도자와 은수자가 이런 예에 속합니다. 그들은 하나님과 더 많은 시간을 보내기 위해 사람들과의 만남을 피합니다. 하지만 그들은 뜻을 이루지 못했습니다. 우리가 하나님과 함께하면서 얻는 매우 귀중한 유익은 사람들에게 베풀 때 비로소 진가를 발휘합니다. 이 세대는 설교자와 사람을 멀리하는 반면 하나님께는 많은 시간을 바칩니다. 우리는 그런 식으로 갈망하면 안 됩니다. 우리는 서재에 틀어박혀 학생, 책벌레, 성경 벌레, 설교자가 되어 문학과 사상, 설교에서 이름을 떨칩니다. 그렇다면 사람들과 하나님은 대체 어디 있을까요? 가슴에도 없고, 머리에도 없습니다. 뛰어난 사상가이자 뛰어난 학생인 설교자는 기도에 매우 뛰어나야 합니다. 그렇지 않으면 하나님이 보시기에 가장 미천한 설교자보다도 못한, 가장 사악한 배교자, 혹은 이성을 예찬하는 냉혹한 전문가로 전락할 것입니다.

다른 하나는 목회를 철두철미 대중의 취향에 맞추려는 경향입니다. 이러한 사람은 더 이상 하나님의 사람이 아니라, 일과 사람만을 중시하는 인간일 뿐입니다. 그는 기도하지 않습니다. 사람을 상대로 임무를 수행하기 때문입니다. 사람들을 감동시키고, 흥미를 느끼게 하고, 종교적 열정을 불러일으키고, 교회에 재미를 붙이게 할 수 있다면 그것으로 족합니다. 그가 하나님과 개인적으로 맺는 관계는 사역에 별로 중요하지 않습니다. 그의 계획 속에 기도가 들어설 자리는 없습니다. 그런 목회가 초래하는 재앙과 파멸은 세상 수학으로 셈할 수 없습니다. 설교자는 자신과 회중을 위해 하나님께 기도하듯 사람들의 참된 유익을 위해 능력을 발휘해야 합니다. 참된 열매를 맺고 하나님께 진심으로 충성하는 것 또한 잠시든 영원이든 사람을 위해서입니다.

기도를 대충하는 설교자가 자신의 영혼을 자신의 고귀한 소명이 지닌 거룩한 속성과 조화를 이루게 하는 것은 불가능합니다. 설교자가 사역과 일상 목회에 대한 의무를 땀 흘려 성실하게 이행하는 것으로 자족한다면 이는 중대한 과오입니다. 예술처럼, 의무처럼, 사역처럼 혹은 즐거움처럼 버겁고 부단한 노력을 요하는 설교 기도를 게을리 하면 청중의 마음을 빼앗고 완악하게 하여 하나님에게서 멀어지게 만들 것입니다. 과학자가 자연 안에 계시는 하나님을 잊어버리듯 설교자가 설교 안에 계시는 하나님을 잊어버릴지도 모릅니다.

기도는 설교자의 마음을 새롭게 하고, 하나님과의 관계를 원만하게 하고, 사람들과 일치하게 하고, 목회에서 전문직이라는 냉기를 없애고, 판에 박힌 일이 열매를 맺게 하고, 거룩한 기름 부음이 주는 수월함과 능력으로 모든 일이 순조롭게 진행되도록 합니다.

찰스 스펄전(Charles H. Spurgeon) 목사는 말합니다. "무엇보다도 설교자가 기도하는 사람으로 인식되는 것은 당연합니다. 설교자가 평신도처럼 기도하지 않으면 위선자입니다. 평신도보다 더 많이 기도해야 합니다. 그렇지 않으면 설교자로서 자격미달입니다. 목회자인 설교자가 기도에 전념하지 않으면 동정을 받을 것입니다. 설교자가 거룩한 헌신에 느슨해진다면 설교자와 회중 둘 다 동정을 받아 마땅할 것이고, 부끄러움에 몸 둘 바를

모를 날이 설교자에게 올 것입니다. 기도의 골방과 비교하면 모든 도서관과 서재는 덧없을 뿐입니다. 성전에서 금식하며 기도하던 때는 실로 축제일이었습니다. 이때처럼 하늘 문이 활짝 열리고, 우리 마음이 중심 되신 하나님의 영광에 더 가까이 다가간 적은 없었습니다."

충실한 목회를 만들어주는 기도는 입맛을 쩍쩍 다시도록 양념을 넣듯이 하는 가벼운 기도가 아닙니다. 몸으로 하는 기도, 피를 흘리고 뼈를 깎듯이 하는 기도입니다. 기도란 구석으로 몰아넣는 사소한 의무가 아닙니다. 업무나 삶의 이런저런 일들을 처리하는 가운데 자투리 시간이 날 때마다 후다닥 펼치는 짧은 공연도 아닙니다. 기도는 가장 좋은 시간, 가장 중요한 시간과 많은 노력을 바치는 일입니다. 기도는 골방에 틀어박혀 공부하거나 목회와 관련된 일들을 처리하는 데 정신을 빼앗기는 것이 아닙니다. 기도란 골방을 우선으로, 공부와 업무 처리는 그다음으로 여기는 것입니다. 그리하면 골방에 의해 공부와 업무 둘 다 새롭게 되고 효율성이 높아집니다. 목회에 영향을 끼치는 기도는 삶의 품격을 높입니다. 성품에 색깔을 입히고 인내력을 더하는 기도는 유쾌한 오락도, 서둘러 하는 오락도 아닙니다. 기도는 그리스도가 "심한 통곡과 눈물"(히 5:7)로 하신 것처럼 마음과 생명 속으로 힘차게 들어가야 합니다. 바울이 그랬듯이 영을 꺼내 열망의 고뇌 속으로 넣어야 합니다. 야고보의 "간구"(약 5:16)처럼 열정과 힘이 잘 어우러져야 합니다. 황금 향로에 넣어 하나님 앞에 분향할 때 영적으로 강한 찔림과 변혁이 일어나는 것과 같은 특징을 지녀야 합니다.

기도는 어머니의 앞치마 끈에 묶여 있는 동안 어쩔 수 없이 얽매이는 작은 습관이 아닙니다. 한 시간의 저녁식사를 앞에 놓고 15초 동안 점잖게 베푸는 작은 은혜도 아닙니다. 기도는 매우 진지하게 시간을 들이는 절대적인 일입니다. 기도는 아주 느긋한 식사나 상다리가 휘어지는 잔치보다 시간 및 식욕과 더 밀접한 관계가 있습니다. 설교를 중시한다면 기도 또한 중시해야 합니다. 기도의 성격이 설교의 성격을 결정하기 마련입니다. 가벼운 기도는 가벼운 설교를 낳습니다. 기도하면 설교가 튼실해지고 기름 부음을 받고 오래 지속됩니다. 선을 중시하는 어느 목회든 기도를 늘 진지하게 다루었습니다.

설교자는 단연코 기도하는 사람이어야 합니다. 그의 마음은 기도학교를 졸업해야 합니다. 마음이 설교하는 법을 배울 수 있는 곳은 기도학교뿐입니다. 어떤 배움도 기도하지 않는 것을 보상하지 못합니다. 어떤 진지함도, 어떤 성실도, 어떤 공부도, 어떤 은사도 기도의 부족을 채울 수 없습니다.

하나님을 위해 사람들에게 이야기하는 것은 멋진 일입니다.

하지만 사람들을 위해 하나님께 아뢰는 것은 훨씬 더 멋진 일입니다. 사람들을 위해 하나님께 아뢰는 법을 제대로 배우지 못하면 하나님을 위해 사람들에게 하는 이야기는 겉돌고 큰 성과를 거두지 못할 것입니다. 이보다 더 심각한 문제는, 강단에서든 강단 밖에서든 기도 없는 설교는 치명적이라는 사실입니다.

05

기도, 필수적인 것

Prayer, the Great Essential

여러분은 기도의 가치를 알고 있습니다. 기도는 가치를 헤아릴 수 없을 만큼 귀중합니다. 하늘이 두 쪽 나도 기도를 게을리 하지 마십시오.

-토머스 벅스턴

목회자에게 필요한 것은 첫째도 기도요, 둘째도 기도요, 셋째도 기도입니다. 그러니, 사랑하는 형제여, 기도하십시오. 기도하고, 기도하고, 또 기도하십시오.

-에드워드 페이슨

　기도는 설교자의 삶과 설교자의 서재에서, 설교자의 강단에서 눈에 띄고, 곳곳에 가득 스며들게 하는 힘이며, 모든 것을 특징짓는 요소입니다. 기도는 부수적인 것이 되어서도, 한갓 덧칠이 되어서도 안 됩니다. 설교자라면 "밤이 새도록 기도하면서"(눅 6:12) 주님과 함께 있어야 합니다. 설교자가 자기를 부인하는 기도로 훈련받으려면, "밝기 전에 일어나 나가 한적한 곳으로 가사 거기서 기도하신"(막 1:35), 그가 주인으로 섬기는 분을 바라보아야 합니다. 설교자의 서재는 골방, 벧엘, 제단, 비전, 사다리가 되어야 합니다. 생각이 온통 인간으로 쏠리기 전에 천국을 지향하도록, 하나님이 서재에 계시기에 설교의 모든 부분이 천국의 향기를 풍기고 진지함을 잃지 않도록 말입니다.

엔진은 점화되지 않으면 꼼짝도 안 합니다. 마찬가지로 영적 열매들에 관한 한, 온갖 장치와 완벽함, 품위를 갖춘 설교도 기도로 불을 지펴 증기를 발생시키기 전에는 전혀 맥을 추지 못합니다. 기도의 강렬한 충동이 설교 안에서, 설교를 통해, 설교 이면에서 일어나지 않으면 설교의 구조와 훌륭함, 힘은 아무 짝에도 쓸모없습니다.

기도는 설교자가 하나님을 설교 안으로 모셔 들이는 통로가 되어야 합니다. 기도는 설교자가 자신의 말씀으로 사람들을 하나님께 인도하기에 앞서 하나님을 사람들에게 선보이는 수단이 되어야 합니다. 설교자는 사람들에게 접근하기 전에 청중을 확보하고 하나님께 쉽게 다가갈 수 있어야 합니다. 설교자가 하나님과 통하면 사람들과 통하는 것은 시간문제입니다.

몸에 밴 습관이 되고, 일상적이거나 직업적으로 하는 퍼포먼스로 전락한 기도는 악취를 풍기는 시신과 다를 바 없습니다. 그런 기도는 간구하는 기도와 무관합니다. 우리가 강조하는 참된 기도는 설교자의 존재가 지닌 모든 고상한 요소들을 끌어들여 불을 지피는 기도입니다. 말하자면, 인간의 영원한 유익을 위한 따뜻한 동정과 끝없는 갈망, 하나님의 영광을 위한 불타는 열정, 설교자의 사역이 힘들고 민감하며 하나님의 매우 든든한 도움이 시급히 요청된다는 철저한 확신, 깊고 넘쳐흐르는 샘에서 솟아오르는 성령 충만과 그리스도와의 긴밀한 연합에서 비롯되는 기도입니다. 이 중대하고 심오한 확신에 입각한 기도만이 참된 기도입니다. 그런 기도가 뒷받침하는 설교만이 인간의 마음에 영생의 씨앗을 뿌리고 인간을 든든히 세워 천국을 소망하게 합니다.

인기 있는 설교, 유쾌한 설교, 흥미를 돋우는 설교, 선의 수단과 형태는 있지만 기도는 거의 혹은 아예 하지 않는, 지성과 문학과 두뇌의 힘을 강조하는 설교가 있다고들 합니다. 그러나 설교에서 하나님의 뜻을 밝히 드러내려면 기도의 에너지와 영혼으로 전달하는 설교가 되어야 합니다. 그리고 설교가 끝난 후에는 설교자의 기도에 의해 청중들의 마음에 씨앗이 뿌려져 예배가 끝난 후에도 오랫동안 그들의 마음속에 남는 그런 기도가 선행되어야 합니다.

설교의 영적 빈곤에 대해 여러 이유를 들 수 있지만, 진짜 원인은 성령의 능력 안에서 하나님의 임재를 긴급히 구하지 않는

데 있습니다. 수많은 설교자들이 자신의 방침에 따라 능숙한 설교를 합니다. 하지만 그 영향력은 금세 수그러들고, 설교자들이 기도를 통해 영적으로 강력하게 무장하지 않기 때문에 하나님과 사탄, 천국과 지옥 사이에 치열한 전투가 벌어지는 영의 세계로 선뜻 들어가지 못합니다.

하나님을 위해 큰 열매를 맺는 설교자들은 사람들을 설득하기에 앞서 언제나 하나님께 집요하게 매달렸습니다. 골방에서 하나님과 죽기 살기로 씨름하는 설교자들이 강단에서 말씀을 선포하면 회중은 간담이 서늘해집니다.

설교자는 인간입니다. 그러기에 세상 풍조라는 거센 파도에 휩쓸려 종종 표류하곤 합니다. 기도는 영적인 일입니다. 인간은 영적으로 부담스러운 일은 싫어합니다. 인간은 본성상 순풍이 부는 잔잔한 바다에서 천국행 배에 오르고 싶어 합니다. 기도는 자신을 낮추는 일입니다. 기도는 지성과 자만심을 낮추고, 허영심을 십자가에 못 박고, 인간의 영적 파산을 선고합니다. 피와 살을 가진 존재는 이런 일들을 참기가 어렵습니다. 참기보다는 기도를 멈추는 편이 더 쉽습니다. 그리하여 우리는 이 시대(어쩌면 시대를 초월하여)의 내버려둘 수 없는 해악들 중 하나와 맞닥뜨리게 됩니다. 그것은 대충 기도하거나 아예 기도하지 않는 것입니다. 이 두 가지 악 가운데 어쩌면 대충 기도하는 것이 아예 기도하지 않는 것보다 더 나쁠지도 모릅니다. 대충 기도하는 것은 일종의 위선이며 양심에 대한 기습공격, 익살극, 망상입니다.

기도를 경시하는 태도는 기도 시간이 적다는 것에서 확연히 드러납니다. 보통 설교자들이 매일 기도에 투자하는 시간을 계산해보면 부끄러울 정도입니다. 그들의 기도는 잠옷 차림으로 침대 옆에 앉아 속사포처럼 몇 마디 내뱉고는 끝나기가 무섭게 침대로 직행하는 일일 것입니다. 그리고 다음 날이면 평소처럼 살아가는데, 이는 드문 일이 아닙니다. 성경 안팎의 성인들이 기도에 쏟는 시간 및 열정과 비교하면 그런 기도는 얼마나 미약하고 헛되며 보잘것없는지요. 시대를 초월해 하나님께 신실했던 사람들과 견주어보면 우리의 하찮고 유치한 기도는 얼마나 초라하고 인색한지요. 기도의 중요성을 이처럼 높이 평가하면서 기도를 자신의 본업으로 삼고 기도에 시간을 쏟는 사람들에게 하나님은 천국의 열쇠를 맡기십니다. 그리고 이들을 통해 이 세상에서 영적 기적들을 베푸십니다. 위대한 기도는 하나님이 크게 쓰시는 리더들의 표시이자 인증이며, 그들의 수고에 대해 하나님이 면류관을 씌우실 이기는 힘 중 가장 진지한 것입니다.

설교자는 설교와 기도라는 두 가지 임무를 수행합니다. 이 둘을 제대로 수행하지 않으면 그의 임무는 미완성입니다. 설교자는 사람의 방언과 천사의 말을 할 수 있습니다. 하지만 천국에 전적으로 의지하는 믿음으로 기도하지 않으면, 그의 말은 "소리 나는 구리와 울리는 꽹과리"(고전 13:1)가 되어 영원히 하나님을 영화롭게 하고 영혼을 구원하는 목적을 이루지 못할 것입니다.

06

기도 목회가 성공하려면

A Praying Ministry Successful

제가 침체에 빠지고 열매를 맺지 못하는 주된 원인은 기도를 소홀히 했기 때문이 아닌가 싶습니다. 저는 마음만 먹으면 언제든 쓰고 읽고 이야기하고 들을 수 있습니다. 하지만 기도는 이런 활동들에 비해 영적이고 내적인 성격이 강합니다. 어떤 임무든 영적인 성격이 강할수록 저의 육적인 마음은 그런 임무에서 벗어나려는 경향이 있습니다. 기도와 인내와 믿음은 결코 실망하는 법이 없습니다. 제가 혹시 목회자가 된다면 믿음과 기도를 하나로 만들어야겠다는 생각을 오래 전부터 해왔습니다. 제 마음이 거리낌 없이 기도할 수 있는 여건이 되면 그 밖의 나머지는 비교적 수월합니다.

-리처드 뉴턴

참된 성공을 거두는 모든 사역에서 기도가 눈에 띄게 지배적인 힘을 발휘한다는 것은 영적 원리라 할 것입니다. 이 원리는 설교자의 삶이나 그가 하는 사역의 깊은 영성에도 적용될 수 있을 것입니다. 목회는 기도가 빠져도 매우 신중하게 할 수 있을지 모릅니다. 설교자가 기도하지 않고도 명성과 인기를 누릴 수도 있을 것입니다. 설교자의 삶과 사역의 전반적인 시스템은 기도라는 기름을 치지 않아도 혹은 톱니 하나에만 약간의 기름칠을 해도 작동될 수 있을지도 모릅니다. 하지만 기도가 눈에 띄게 지배적인 힘을 발휘하지 않으면 목회는 세속으로 흐르고, 설교자와 회중은 거룩함을 잃을 것입니다.

설교자가 진심으로 기도하면 하나님은 사역에 찾아오십니다. 하나님은 당연히 혹은 일반적인 원리들에 따라 설교자의 사역에 관여하시는 게 아닙니다. 설교자가 기도하거나 상황이 매우 급박할 때 관여하십니다. 설교자든 회개하는 자든 전심으로 하나님을 찾으면 그분을 만날 수 있습니다. 설교자가 기도에 충실한 목회를 할 때 비로소 회중의 마음을 헤아리게 됩니다. 기도의 본질은 하나님과 연합하듯 인간과 연합하는 것입니다. 설교자가 기도에 충실할 때 목회의 숭고한 소명과 책임을 감당할 수 있습니다. 설교자를 만드는 것은 대학, 학문, 서적, 신학, 설교가 아니라 기도입니다. 제자들이 받은 복음 전파의 사명은 기도할 때 일어난 오순절 성령 강림 전에는 아무것도 아니었습니다. 기도에 충실한 목회자는 인기라는 영역과 일에 치이고 세속에 물드는 차원을 넘어설 뿐 아니라 강단에 보내는 박수갈채에도 연연해하지 않습니다. 교회 행정가 혹은 일상적인 차원을 넘어서 보다 숭고하고 막강한 영역, 즉 영적인 영역으로 들어갑니다. 거룩함은 사역의 산물입니다. 마음과 삶이 변화되면 사역의 실재, 사역의 진실성과 견실함이 선명히 새겨집니다. 하나님은 그런 설교자와 함께하십니다. 그는 세속적이거나 피상적 원리에 입각해 목회를 계획하지 않습니다. 하나님이 주시는 것들이 쌓이고 쌓여 그에게 학식을 더해줍니다. 설교자가 회중을 생각하면서 하나님과 오랜 시간 깊은 교제를 나누고, 영적으로 고뇌하는 가운데 씨름하면 그분은 하나님의 것들로 면류관을 씌워주십니다. 그렇게 되면 직업적 목회에서 느껴지는 냉기는 기도의 열기로 인해 사라집니다.

많은 목회가 이렇다 할 열매를 맺지 못하고, 다른 사역들이 침체에 빠지는 것은 사역자가 기도하지 않기 때문입니다. 어떤 목회도 기도에 힘쓰지 않으면 실패합니다. 목회가 성공하려면 근본적이고 오래 지속되며 끊임없는 기도를 해야 합니다. 텍스트와 설교는 기도의 산물이어야 합니다. 설교자의 공부는 기도로 씻김을 받고, 공부에 따른 모든 일에는 기도의 향기가 가득 스며들고, 공부는 시종일관 기도하는 마음으로 해야 합니다.

"기도를 가뭄에 콩 나듯 해온 게 후회스럽습니다." 하나님의 택함을 받은 어떤 사람이 죽음의 자리에서 남긴 말입니다. 설교자의 양심을 찌르는 슬프고도 안타까운 고백입니다. "좀 더 산다면, 보다 숭고하면서도 심오한 그리고 진실한 기도를 하고 싶습니다." 돌아가신 테이트 대주교(Archbishop Tate)의 고백입니다. 우리 역시 그 어떤 사람처럼 때늦은 후회를 할 수 있고, 테이트 대주교처럼 아쉬움을 토로할 수 있습니다.

하나님의 신실한 설교자들에게는 기도하는 사람이라는 동일한 특징이 하나 있었습니다. 다른 일들에서는 종종 의견 차이를 보였지만 그들에게는 언제나 공통의 중심이 하나 있었습니다. 출발지와 여행 경로는 달랐을지 모르나 합류 지점은 하나였습니다. 그들은 기도 안에서 하나였습니다. 하나님은 그들을 끌어당기는 중심이었고, 기도는 하나님께 이르는 길이었습니다. 그들은 어쩌다 기도한 게 아닙니다. 규칙적으로 잠깐씩 하거나 이따금 한 것도 아닙니다. 기도가 자신들의 성품 속으로 들어가 영향을 끼칠 정도로 열심히 기도했습니다. 자신은 물론이려니와 타인들의 삶에도 영향을 미칠 정도로 기도에 힘썼습니다. 교회의 역사를 만들고 시대의 흐름을 바꿀 정도로 뜨겁게 기도했습니다. 그들이 기도에 전념한 것은 한갓 시간을 때우기 위해서가 아니라, 정말 포기하고 싶지 않을 만큼 기도가 자신들에게 너무도 소중하고 매력적이었기 때문이었습니다.

그들에게 기도란, 바울에게 기도가 혼신의 힘을 다해 노력하는 것, 야곱에게 기도가 씨름해서 이기는 것, 그리스도에게 기도가 "심한 통곡과 눈물"(히 5:7)인 것과 같은 그러한 것이었습니다. 그들은 모든 기도와 간구를 하되 항상 성령 안에서 기도하고, 이를 위하여 깨어 구하기를 항상 힘썼습니다(엡 6:18). 간구는 하나님의 천하무적 병사들이 사용해온 최고의 무기였습니다. "그가 비가 오지 않기를 간절히 기도한즉 삼 년 육 개월 동안 땅에 비가 오지 아니하고 다시 기도하니 하늘이 비를 주고 땅이 열매를 맺었느니라"(약 5:17~18)라는 엘리야와 관련된 언급은 당대의 세대를 하나님께로 인도한 모든 선지자와 설교자들을 망라하고, 그들이 기적을 행사한 수단을 보여줍니다.

07

기도에 많은 시간을 바쳐라

Much Time Should Be Given to Prayer

기독교 교리에 능통한 거장들과 스승들은 언제나 기도에서 가장 고상한 계몽의 원천을 찾았습니다. 멀리 갈 것 없이 영국 교회만 하더라도, 앤드루스 주교가 날마다 다섯 시간씩 무릎 꿇고 기도했다는 기록이 있습니다. 기독교가 꽃피우던 시대에 인간의 삶을 풍성하게 하고 아름답게 해준 가장 중요하고 실제적인 결의들은 기도 중에 나왔습니다.

-캐넌 리든

대체로 개인기도는 짧아야 하며 공중기도 역시 압축해서 짧게 하는 게 관례입니다. 절규하는 기도를 할 여지는 많고 거기에는 가치도 있습니다. 그러나 하나님과 개인적 사귐을 가질 때 시간은 기도에 가치를 부여하는 매우 중요한 요소가 됩니다. 하나님과 함께하는 시간이 많을수록 기도는 열매를 맺기 마련입니다. 기도가 강력한 힘으로 느껴지는 것은 직간접으로 하나님과 더불어 보내는 시간이 많기 때문입니다. 짧은 기도가 핵심을 짚고 효율성을 띠는 것은 그에 앞선 긴 기도 덕분입니다. 짧지만 효과적인 기도를 하려면 그에 앞서 하나님과 함께하는 시간을 최대한 확보하려는 치열한 투쟁에서 이겨야 합니다. 야곱의 승리는 그가 얍복 강가에서 밤새워 씨름했기에 가능했습니다. 휘파람불듯 해서는 하나님을 알 수 없습니다. 기분 내키는 대로 혹은 허둥지둥 오가면 하나님의 은사는 요원합니다. 하나님을 알고 그분의 영향을 받는 비결은 장시간 홀로 그분과 대면하는 것입니다. 하나님은 그분을 아는 믿음의 집요함에 두 손을 드십니다. 끈기 있게 요구하되 진지하면서도 변함없이 가장 풍성한 은사들을 사모하고 감사히 여긴다고 선언하는 자들에게 하나님은 그런 은사들을 주십니다. 다른 일들뿐만 아니라 이 점에서도 우리에게 위대한 모범이 되는 그리스도는 많은 밤을 기도하면서 지새우셨습니다. 그분은 몸에 밴 습관처럼 기도에 힘쓰셨습니다. 그분의 기도 장소는 늘 정해져 있었습니다. 여러 차례, 오랜 기간 기도하시면서 그분의 역사가 만들어졌고 성품이 빚어졌습니다. 바울은 밤낮 기도했습니다. 다니엘은 매우 중요한 이해관계가 걸려 있을 때면 하루에 세 차례 장시간 기도했습니다. 다윗이 아침과 점심, 저녁에 하는 기도는 예정된 시간을 넘기기 일쑤였습니다. 성경의 위인들이 기도하는 데 보낸 시간을 구체적으로 셈할 수는 없지만 기도에 많은 시간을 쏟았다는 징후들은 있습니다. 어떤 경우에는 몸에 밴 습관처럼 오랜 기간 기도했습니다.

그들이 한 기도의 가치를 시간으로 측정해야 한다는 생각은 꿈에도 하지 않습니다. 다만 여기서, 홀로 하나님과 함께 있는 시간이 많아야 한다는 점을 마음에 새기고자 합니다. 이런 특징을 낳지 못하는 믿음이라면 그것은 연약하고 껍데기뿐인 믿음입니다.

성품을 통해 그리스도를 거의 완벽하게 예증하고, 그분을 위해 세상을 뒤흔든 위인들은 하나님과 더불어 많은 시간을 보낸 것을 삶의 두드러진 특징으로 만들었습니다. 찰스 시므온(Charles Simeon)은 오전 네 시부터 여덟 시까지의 네 시간을 하나님께 드렸습니다. 웨슬리(John Wesley)는 매일 새벽 네 시에 일어나 두 시간씩 기도했습니다. 그를 잘 아는 어떤 사람이 이렇게 썼습니다. "목사님은 그 어느 것보다 기도를 본업으로 여겼습니다. 골방에서 나올 때 그분의 평온한 얼굴은 마치 해처럼 빛났습니다." 존 플레처(John Fletcher)는 기도의 숨결로 벽을 얼룩지게 했습니다. 철야기도는 시도 때도 없이 밤을 새워 기도했는데, 그때마다 매우 진지했습니다. 그는 평생 기도로 일관했습니다. 그는 이렇게 말했습니다. "제 마음을 하나님께 드리지 않으면 자리에서 일어나지 않으렵니다." 그가 친구한테 하는 인사는 늘 이랬습니다. "내가 기도하면서 자네를 만나는 거지?" 루터는 이렇게 말했습니다. "매일 아침 두 시간씩 기도하지 않으면 하루 종일 악마가 위세를 떨칠 것입니다. 날마다 세 시간씩 기도하지 않으면 그 많은 일들을 척척 진행시킬 수 없습니다." 루터의 좌우명입니다. "기도를 잘하는 사람이 공부도 잘합니다."

레이턴(Robert Leighton) 대주교는 홀로 하나님과 함께하는 시간이 하도 길어 영구히 묵상하는 것처럼 보였습니다. 그의 전기 작가는 "기도와 찬양은 그분의 일이자 그분의 기쁨이었습니다"라고 말합니다. 켄(Tomas Ken) 주교는 하나님과 함께하는 시간이 너무 많다 보니 그의 영혼이 하나님께 반했다고 합니다. 그는 매일 새벽 세 시 전에 일어나 기도했습니다. 애즈버리(Francis Asbury) 주교는 이렇게 말했습니다. "할 수 있다면 자주 새벽 네 시에 일어나 두 시간 동안 기도와 묵상을 할 생각입니다." 아직도 영성의 향기를 짙게 풍기는 새뮤얼 러더퍼드(Samuel Rutherford)는 기도 중에 하나님을 만나려고 새벽 세 시에 일어났습니다. 조지프 얼라인(Joseph Alleine)은 새벽 네 시에 일어나 아침 여덟 시까지 기도라는 일을 처리했습니다. 다른 상인들이 그보다 먼저 일어나 바삐 움직인다는 소리가 들리면 이렇게 외치곤 했습니다. "이런 수치가 또 어디 있나! 내 주님이 그들이 하는 일보다 더 귀한 대접을 받아 마땅하지 않은가?"

매우 신실하고 은사를 많이 받은 스코틀랜드의 설교자들 중 한 사람은 말합니다. "가장 좋은 시간을 하나님과 교제하는데 보내야겠습니다. 기도가 제게 가장 고귀하고 큰 열매 맺는 일이기 때문입니다. 뒷전으로 내몰아선 안 됩니다. 조금도 방해받지 않는 아침 여섯 시부터 여덟 시까지는 기도하는데 바쳐야겠습니다. 차를 마신 이후의 시간은 제게 최상의 시간이기에 온전히 하나님께 드려야겠습니다. 자기 전에 기도하는 오래되고 좋은 습관을 버려선 안 됩니다. 이때 졸지 않도록 신경 써야겠습니다. 밤중에 깨면 일어나 기도해야 합니다. 아침식사 후에 시간이 나면 중보기도를 할 수도 있습니다." 이것이 로버트 머리 맥체인의 기도 계획이었습니다. 저 유명한 감리교 기도모임은 우리를 부끄럽게 합니다. "새벽 네 시부터 다섯 시까지 개인기도, 저녁 다섯 시부터 여섯 시까지도 개인기도."

스코틀랜드의 경건하고 훌륭한 설교자였던 존 웰치(John Welch)는 기도시간이 여덟에서 열 시간이 되지 않으면 그날 하루는 망쳤다고 생각했습니다. 밤중에 기도하기 위해 일어나면 격자무늬 모양의 천으로 몸을 둘러쌌습니다. 그의 아내는 남편이 바닥에 엎드려 우는 모습을 볼 때마다 투덜대곤 했습니다. 그럴 때마다 웰치는 이렇게 대꾸했습니다. "여보, 내겐 책임져야 할 사람이 3,000명이나 된다오. 그런데 어떻게 그들을 돌볼 수 있을지 몰라 답답하오."

08
기도는 이렇게 하라

Examples of Praying Men

기도행위는 인간정신이 할 수 있는 가장 고상한 에너지입니다. 말하자면, 기도는 능력을 완전히 집중하는 일입니다. 학식과 무관하게, 대다수 세상 사람들이 절대 할 수 없는 것이 기도입니다.

-새뮤얼 테일러 콜리지

윌슨(Daniel Wilson) 주교는 말합니다. "헨리 마틴(Henry Martin)의 일기에서 우리를 깜짝 놀라게 하는 것은 기도의 영, 그가 기도라는 의무에 바친 시간, 그리고 기도에 대한 열정입니다."

페이슨(Edward Payson)은 단단한 널빤지 위에서 너무도 자주, 꽤 오랜 시간을 무릎 꿇고 기도하다 보니 거기에 홈이 파였습니다. 그의 전기 작가는 말합니다. "페이슨은 자신의 형편이 어떠하든 순간순간 기도했는데, 이는 그의 역사에서 가장 주목할 만한 대목입니다. 페이슨의 이런 자세는 그와 필적할 만한 명성을 쌓으려면 어떻게 해야 하는지를 보여줍니다. 그가 줄곧 유명세를 타고 성과를 거두게 된 비결은 십중팔구 열정에 끈기를 더한 기도를 했기 때문일 것입니다."

그리스도를 더없이 귀하게 여겼던 마퀴스 디렌티(Marquis DeRenty)가 어느 날 하인에게 자기가 30분 정도 기도할 테니 시간이 되면 알려달라고 했습니다. 그때 벌어진 틈으로 그의 얼굴이 보였습니다. 얼굴이 너무도 거룩하게 빛나 도저히 그를 깨울 수 없었습니다. 입술은 떨리고 있었지만 마퀴스는 침묵으로 일관했습니다. 30분이 지나 디렌티를 깨우자, 그는 무릎을 펴고 일어나 이렇게 말했습니다. "벌써 그렇게 됐나? 30분은 그리스도와 사귐을 갖기에 너무 짧군."

브레이너드(David Brainerd)는 말합니다. "저는 오두막에 홀로 있는 게 좋습니다. 거기서는 오래 기도할 수 있으니까요."

윌리엄 브램웰(William Bramwell)은 개인 경건, 설교에서 거둔 멋진 성공, 그리고 놀라운 기도 응답에 대한 감리교 연대기로 이름을 떨쳤습니다. 그가 기도했다하면 몇 시간은 기본이었습니다. 그는 무릎을 꿇고 살다시피 했습니다. 순회하는 그의 모습은 불꽃을 방불케 했습니다. 그 불꽃은 기도하면서 보낸 시간으로 점화되었습니다. 그는 종종 한적한 곳으로 가서 한 번에 네 시간이나 기도하곤 했습니다.

앤드루스(Lancelot Andrewes) 주교는 매일 기도와 묵상에 거의 다섯 시간을 쏟았습니다.

헨리 해블록(Henry Havelock)은 아침에 일어날 때마다 첫 두 시간을 홀로 하나님과 함께하는 데 보냈습니다. 야영지에서 기상 시간이 오전 여섯 시라고 하면 그는 네 시에 일어나곤 했습니다.

얼 케언스(Earl Cairns)는 날마다 오전 여섯 시에 일어나 한 시간은 성경공부에, 30분은 기도에 할애했습니다. 그러고 나서 7시 45분에 가정예배를 드렸습니다.

저드슨(Adoniram Judson) 박사가 기도에서 성과를 거둔 것은 오랜 시간 기도했기 때문입니다. 그는 이 점에 대해 말합니다. "일을 처리하되, 가능하다면 헌신의 훈련뿐 아니라 은밀한 기도와 하나님과의 사귐이라는 바로 그런 행동에 날마다 두세 시간을 느긋하게 바칠 수 있게 하십시오. 하루에 일곱 번 일과 사람들과의 교제에서 벗어나 홀로 한적한 곳으로 가서 당신의 영이 하나님을 바라보게 하십시오. 자정 이후에 일어나 하루를 시작하되, 밤의 침묵과 어두움 가운데서 이 성스러운 일에 얼마간 시간을 바치십시오. 동이 틀 무렵에도 당신이 기도에 침잠해 있기를 바랍니다. 오전 여섯 시와 열두 시, 오후 세 시와 여섯 시, 밤 아홉 시에도 그리하십시오. 결연히 그분의 대의를 펼치십시오. 그분의 대의를 지속하기 위해 할 수 있는 희생은 뭐든 마다하지 마십시오. 당신의 시간은 짧고, 일과 사람들과의 교제에 치여 하나님을 놓쳐서는 안 됨을 명심하십시오." "말도 안 돼, 이렇게 하다간 미치고 말 거야!" 우리는 이렇게 항변합니다. 저드슨 박사는 그리스도를 위해 미얀마 제국에 깊은 인상을 남겼고, 제국의 한가운데 불멸의 화강암으로 하나님 나라의 초석을 다졌습니다. 그는 그리스도를 위해 세계에 지울 수 없는 인상을 남김으로써 성공한 사람이 되었습니다. 저드슨 박사보다 은사와 재능, 학식이 더 뛰어난 사람은 많았지만 그만큼 깊은 인상은 남기지 못했습니다. 그들의 종교 사역이 모래 위에 남긴 발자국과 같다면 저드슨 박사는 자신의 사역을 더없이 단단한 돌에 새겼다고 할 수 있습니다. 그가 심오하면서도 끈기 있게 사역할 수 있었던 비결은 시간을 내어 기도했다는 사실에서 드러납니다. 그는 기도로 철을 달구어 적열(赤熱)이 나게 했고, 하나님의 손길은 지속적으로 힘을 가해 원하는 모양으로 주조했습니다. 기도하지 않으면 하나님을 위해 위대한 사역을 끈기 있게 해낼 수 없습니다. 기도에 많은 시간을 쏟지 않으면 기도의 사람이 될 수 없습니다.

기도가 한갓 습관에 얽매인, 따분하고 기계적으로 하는 일에 불과하다는 말은 사실일까요? 기도가 길들이기와 짧음, 피상성이 그것의 주된 요소가 될 때까지 우리가 훈련받아 펼치는 하찮은 퍼포먼스일까요? 사람들이 생각하듯, 기도가 느긋하게 공상을 즐기는 몇 분 혹은 몇 시간 동안 늘쩍지근하게 지속되는 감정이 반쯤은 수동적으로 표출되는 것에 불과하다는 말은 사실일까요? 캐넌 리든은 말합니다. "진심으로 기도해온 사람들이 답할 것입니다. 그들은 이따금 기도를 묘사할 때, 밤이 깊도록 혹은 동이 틀 때까지도 보이지 않는 절대적 능력(Unseen Power)과의 씨름 – 열심히 살다보면 심심치 않게 일어날 수도 있는 – 을 한 야곱 족장을 예로 듭니다. 그들은 이따금 사도 바울과 함께한 중보기도를 힘을 합친 투쟁으로 언급합니다. 기도할 때 그들의 시선은 겟세마네의 위대한 중보자에게, 저 체념과 희생의 고뇌 가운데 땅에 떨어지는 핏방울에 고정됩니다. 끈질긴 간구가 열매 맺는 기도의 본질입니다. 끈질긴 간구는 덧없음이 아니라 지속되는 일입니다. 특히 기도를 통해 천국이 침노를 당하고 무력을 행사하는 자들이 천국을 차지하게 됩니다. 돌아가신 해밀턴(Walter Hamilton) 주교는 이런 말을 했습니다. "어떤 과목들이 아주 재미있고 꼭 필요하다는 생각이 들면 거기에 온갖 열정을 쏟아 준비하고 인내할 것입니다. 이런 관점에서 기도를 바라보지 않으면 기도에서 건질 유익은 별로 없을 것입니다."

09

기도로 하루를 시작하라

Begin the Day with Prayer

저는 아무도 만나기 전에 기도로 하루를 시작해야 합니다. 그런데 제가 늦게까지 자거나 이른 시
간에 사람들을 만날 때가 종종 있습니다. 그러면 제가 은밀한 기도를 시작하는 것은 열한 시나
열두 시입니다. 이는 정말 잘못된 습관입니다. 성경에 어긋납니다. 그리스도는 새벽에 일어나 조
용한 곳으로 가셨습니다. 다윗은 말합니다. "내가 간절히 주를 찾되"(시 63:1) "아침에 주께서
나의 기도를 들으시니"(시 5:3). 가정에서 드리는 기도는 능력과 신선함을 많이 잃었고, 저는 조
언을 구하는 사람들에게 이렇다 할 도움을 주지 못합니다. 양심은 찔림을 받고, 영혼은 굶주리
고, 등불은 꺼졌습니다. 그런데 은밀한 기도 중에 종종 영혼이 혼란을 느낄 때면 저는 하나님과
함께 시작하는 (먼저 그분의 얼굴을 바라보고, 제 영혼이 다른 것보다 먼저 하나님을 가까이 하
는) 것이 훨씬 좋다는 느낌을 받습니다.

-로버트 머리 맥체인

세상에서 하나님을 위해 많은 일을 한 사람들은 늘 일찍 일어
나 무릎을 꿇었습니다. 하루를 시작하면서 하나님을 찾기보다
는 다른 일들로 바빠 이른 아침 시간이 주는 기회와 신선함을
날려버린다면 나머지 시간에 그분을 찾으려는 노력은 진척이
더디게 됩니다. 아침에 눈 뜨자마자 하나님을 생각하고 만나려
는 노력을 기울이지 않으면 나머지 시간에 그분을 찾으려 해도
허탕을 칠 것입니다.

이처럼 이른 아침에 시작하는 기도 이면에는 하나님을 찾지 않고는 못 배기는 뜨거운 갈망이 있습니다. 아침에 무기력하다는 것은 마음이 늘쩍지근하다는 표시입니다. 일찍 일어나 하나님을 찾지 않는다면 그분에 대한 애정이 식었다는 증거입니다. 다윗의 마음은 하나님을 찾는 데 열심이었습니다. 그는 하나님을 찾기에 매우 갈급했습니다. 그래서 동이 트기도 전에 하나님을 찾았습니다. 침대와 잠은 하나님을 만나려는 열망에 사로잡힌 그의 영혼을 속박할 수 없었습니다. 그리스도는 하나님과의 사귐을 갈망하여 새벽, 오히려 미명에 일어나 산으로 가서 기도하곤 하셨습니다. 잠에서 깨어 자신들의 나태함을 부끄러워한 제자들은 어딜 가면 그분을 만날 수 있는지 잘 알고 있었습니다. 우리는 하나님을 위해 세상을 발칵 뒤집어놓은 사람들의 목록을 나열할 수 있는데, 그들의 공통점은 일찍 일어나 하나님을 찾았다는 것입니다.

하나님을 갈망하면서도 잠의 사슬을 끊지 못한다면 이는 모래성과 같은 갈망입니다. 실컷 자고 나서 하나님을 찾는다면 대체 무슨 소용이 있겠습니까? 하나님에 대한 갈망으로 일찍 일어나 악마와 세상을 하루 중 맨 뒤쪽으로 내몬다면 절대 손해 보지 않을 것입니다.

전선에 투입되어 하나님 군대의 총사령관 역할을 하려면 일어나는 것만으로는 부족합니다. 온갖 욕망의 사슬을 끊어버리겠다는 단호한 결심이 서야 합니다. 그러나 일어나는 것만으로도 하나님을 찾으려는 갈망은 든든한 지원군을 얻습니다. 침대에서 늦게까지 뒹굴었다면 하나님에 대한 갈망은 사그라졌을 것입니다. 갈망했기에 그들은 잠에서 깨어 하나님께 손을 뻗었습니다. 이처럼 촉각을 곤두세우고 부름에 따라 행동했기에 그들은 믿음으로 하나님을 붙잡고 그분의 아름답고 완전한 계시를 받았습니다. 그리고 이처럼 강인한 믿음과 완전한 계시는 그들을 성자로 만들어 이름을 떨치게 했습니다. 그들이 성자의 반열에 오르면서 후광이 우리에게 비취었고, 우리는 그들이 쟁취한 승리를 즐기게 되었습니다. 하지만 우리는 즐거움을 만끽하면서도 무언가 만들어내는 것은 꺼려합니다. 우리는 그들의 무덤을 만들고 비문을 쓰지만 그들을 본받는 일은 소홀히 합니다.

우리는 하나님을 찾되 일찍 찾고, 그분에게 새롭고 상쾌한 노력을 기울이고, 이에 대한 보상으로 그분이 하루 종일 땀 흘리고 수고한 이들에게 이슬처럼 충만한 기쁨과 힘을 주시도록 그분의 새롭고 완전한 능력을 확고히 하는 설교자 세대가 필요합니다. 게을러 하나님을 찾지 않는 것은 내버려둘 수 없는 죄악입니다. 이 세상의 자녀들은 우리보다 훨씬 더 지혜롭습니다.

그들은 일찍부터 늦게까지 호시탐탐 세상을 노립니다. 우리는 하나님을 찾지만 열정과 성실은 없습니다. 미지근한 태도로 하나님을 찾는다면 만날 수 없습니다. 이른 아침에 그분을 찾지 않는다면 이름뿐인 신자일 것입니다.

10

기도와 헌신이 연합하다

Prayer and Devotion United

오늘날 목회에 끼치는 영적 영향이 미미하다는 것은 분명합니다. 제 경우만 해도 그렇고, 다른 사람들도 마찬가지입니다. 우리 가운데 기질상 천박하고, 남을 지배하고, 잔머리 굴리고, 술수를 쓰는 사람들이 너무 많은 것 같아 걱정입니다. 우리는 사람들의 비위를 맞추고 편견에 동조하는 데 필요 이상으로 신경을 씁니다. 목회는 원대하고 거룩한 일입니다. 우리는 목회할 때 영혼이 단순해지는 습관을 기르고, 목회가 어떤 결과를 낳든 거룩하면서도 겸허한 무관심을 보여야 합니다. 목회자들의 가장 큰 단점은 헌신이 몸에 배어 있지 않다는 점입니다.

-리처드 세실

지금처럼 거룩한 성도들이 절실히 필요할 때는 없었습니다. 하나님께 헌신하는 거룩한 설교자들을 찾는 목소리 또한 그 어느 때보다 큽니다. 세상은 몰라보게 진보합니다. 사탄은 세상을 쥐락펴락하고, 세상의 모든 움직임이 자신의 목적에 기여하도록 안간힘을 씁니다. 종교는 주어진 역할에 최선을 다하고 종교의 가장 매력적이고 완벽한 모델을 선보여야 합니다. 현대의 성인들은 반드시 가장 고귀한 이상들, 성령을 통한 무궁무진한 가능성들에 힘입어야 합니다. 바울은 에베소 교회가 측량할 수 없는 거룩함의 높이와 넓이, 깊이를 측량하고, "하나님의 모든 충만하신 것으로 충만하게 되기를"(엡 3:19) 늘 무릎 꿇고 기도했습니다. 에바브라는 골로새 교회가 "하나님의 모든 뜻 가운데서 완전하고 확신 있게 서기를"(골 4:12) 헤아릴 수 없는 수고와 힘겨운 투쟁이 따르는 뜨거운 기도를 하면서 자신을 내려놓았습니다. 사도 시대에는 하나님의 백성이 각자 그리고 "다 하나님의 아들을 믿는 것과 아는 일에 하나가 되어 온전한 사람을 이루어 그리스도의 장성한 분량이 충만한 데까지 이르도록"(엡 4:13) 어딜 가나 모든 것에 긴장을 늦추지 않았습니다. 난쟁이들에게는 어떤 상도 주지 않았고, 나이든 젖먹이들에게는 어떤 격려도 하지 않았습니다. 젖먹이들은 자랄 터이고, 노인들은 연약함과 질병 대신 나이에 걸맞은 열매를 맺고 살이 붙으며 건강이 좋아질 것입니다. 종교에서 가장 숭고한 것은 거룩한 남자들과 거룩한 여자들입니다.

아무리 돈이 많고 재능이 뛰어나고 교양이 풍부하더라도 하나님을 위해 사물을 움직일 수 없습니다. 영혼에 활력을 불어넣는 거룩함, 사랑으로 불타오르고, 더 많은 믿음과 더 많은 기도와 더 많은 열정과 더 많은 헌신으로 불타오르는 전인, 이것이 능력의 비결입니다. 우리는 반드시 이것들을 소유해야 합니다.

인간은 하나님이 불을 지피신 이러한 헌신을 삶으로 드러내야 합니다. 거룩함과 헌신이 사라지면서 하나님의 진보는 중단되었고, 그분의 대의는 빛이 바랬고, 그분의 이름은 더럽혀졌습니다. 재능(아무리 고상하고 뛰어나다 할지라도), 교육(아무리 학식이 높고 세련되었다 할지라도), 지위, 위신, 장소, 존경받는 이름들, 고위 성직자들은 우리 하나님의 이 이륜마차를 움직일 수 없습니다. 그것은 불타는 전차이기에 불타는 힘만이 그것을 움직일 수 있습니다. 밀턴(John Milton)의 비범한 재능으로도 안 됩니다. 레오(Leo)가 이끄는 제국의 힘으로도 안 됩니다. 브레이너드의 영이 그것을 움직일 수 있습니다. 브레이너드의 영은 하나님에 대한 갈망으로, 영혼 구원에 대한 갈망으로 불타올랐습니다. 지상의 세속적이고 이기적인 그 어느 것도 거세게 몰아대며 모든 것을 소멸시키는 이 힘과 불꽃의 강도를 눈곱만큼도 누그러뜨리지 못했습니다.

기도는 헌신의 통로이자 창조자입니다. 헌신의 영은 기도의 영입니다. 영과 육체가 연합하듯, 생명과 심장이 연합하듯, 기도와 헌신도 연합합니다. 기도 없는 헌신이 가짜이듯, 헌신 없는 기도 역시 가짜입니다. 설교자는 가장 거룩한 헌신으로 하나님께 굴복해야 합니다. 설교자는 전문직 종사자가 아닙니다. 설교자의 목회는 전문직이 아닙니다. 목회는 거룩한 제도요 거룩한 헌신입니다. 설교자는 하나님께 헌신합니다. 설교자는 하나님을 위하고 하나님을 지향하는 목적과 열정, 그리고 야망을 가져야 합니다. 이는 음식이 생명에 필수이듯 그런 기도에도 필수입니다.

　설교자는 다른 무엇보다도 하나님께 헌신해야 합니다. 설교자가 하나님과 맺는 관계는 그의 목회의 표지이자 신임장입니다. 표지와 신임장은 분명하고 확실하며 의심의 여지가 없어야 합니다. 설교자의 경건은 평범하고 피상적인 차원을 초월해야 합니다. 그가 은혜에서 탁월하지 않으면 전혀 탁월하지 않은 것입니다. 설교자의 삶과 성품, 행동으로 드러나지 않는 설교는 공허합니다. 설교자의 경건이 가볍다면, 그가 전하는 말씀이 비록 음악처럼 부드럽고 달콤하며, 아볼로처럼 재능이 탁월하더라도, 말씀의 무게는 깃털처럼 가볍고 몽상적이며 아침 구름 혹은 새벽 이슬처럼 덧없는 것이 됩니다. 설교자의 성품과 행동에서 하나님에 대한 헌신을 대신할 수 있는 것은 없습니다. 교회에 대한 헌신과 여론에 대한 헌신, 조직에 대한 헌신이 영감의 원천, 부르심에 생기를 주는 원동력이 되면 이는 하찮고 사람을 현혹시키는 헛된 헌신입니다. 하나님은 설교자가 애쓰는 주요 동기, 그의 온갖 수고의 원천이자 면류관이 되어야 합니다. 예수 그리스도의 이름과 영광, 그분의 대의를 널리 펼치는 것이 으뜸이 되어야 합니다. 설교자에게는 예수 그리스도의 이름만이 유일한 영감이며, 그분을 영화롭게 하는 것이 유일한 포부이고, 그분을 위해 땀 흘리는 것이 유일한 수고가 되어야 합니다. 그렇다면 기도는 설교자의 조명의 원천이자 영구적인 진보를 이루는 수단 및 그의 성공을 가늠하는 척도가 되는 셈입니다. 설교자가 마음에 품는 영원한 목표, 유일한 포부는 하나님과 함께하는 것입니다.

하나님의 대의를 펼치는 데 있어 이 세대만큼 기도의 가능성들을 완벽하게 예증해야 했던 때는 결코 없었습니다. 심오하고 진지한 기도를 하는 사람이나 세대만이 복음의 능력을 구체적으로 드러낼 것입니다. 기도하지 않는 세대는 신성한 능력의 완벽한 모델을 찾기 어려울 것입니다. 기도하지 않는 개인은 신성한 능력이라는 이 높은 고지에 결코 오르지 못할 것입니다. 지금 세대는 이전 세대보다 더 나을지도 모릅니다. 하지만 문명의 진보에 따른 힘으로 세대가 좋아지는 것과 기도의 에너지로 더 거룩해지고 그리스도를 닮게 되면서 세대가 좋아지는 것은 하늘과 땅만큼이나 다릅니다. 유대인들은 그리스도가 오시면서 이전 세대보다 훨씬 더 좋아졌습니다. 그분이 오시면서 유대인들의 바리새 종교는 황금기를 누렸습니다. 그랬던 세대가 그리스도를 십자가에 못 박았습니다. 더도 덜도 말고 기도만 하십시오.

더도 덜도 말고 희생만 하십시오. 거짓 숭배는 그만하고 참 숭배를 하십시오. 성전 숭배는 그만하고 하나님 숭배를 하십시오. 입술 예배(lip service)는 그만하고 마음 예배(heart service)를 하십시오(유대인들은 입술로는 하나님을 예배하면서 마음과 손으로는 하나님의 아들을 십자가에 못 박았습니다!). 교회 다니는 사람이 아니라 성도가 되려고 하십시오.

　성도를 만드는 것은 기도의 힘입니다. 거룩한 성품은 참된 기도의 힘으로 빚어집니다. 참된 성도가 될수록 더 많이 기도하게 됩니다. 더 많이 기도할수록 참된 성도가 됩니다.

11

헌신은 이렇게 하라

An Example of Devotion

그리스도와 사귐을 가져보십시오. 점점 깊어지는 그런 사귐 말입니다. 그리스도 안에는 우리가 한 번도 보지 못한 커튼이 있습니다. 그 커튼을 옆으로 젖히면 그분의 사랑이 새롭게 펼쳐집니다. 제가 과연 그 사랑의 맨 끝까지 가닿을 수 있을지는 의문입니다. 그분의 사랑에는 무수히 많은 겹이 있습니다. 그러니 깊이 파고들어가십시오. 그분을 위해 땀 흘리고 애쓰며 수고하십시오. 할 수 있는 대로 그분을 위해 하루 중 많은 시간을 따로 떼어놓으십시오. 수고의 열매를 거두게 될 것입니다.

-새뮤얼 러더퍼드

예나 지금이나 하나님께는 이처럼 헌신적이고 기도에 충실한 설교자들이 많이 있습니다. 그들에게 기도는 삶을 특징짓고 좌우하는 강력한 힘이었습니다. 세상은 그들의 능력을 실감했고, 하나님도 그들의 능력을 알고 높이 평가하셨습니다. 그들은 기도를 통해 하나님의 대의를 신속하고 힘차게 펼쳤습니다. 그들의 성품에서는 신성한 광채를 지닌 거룩함이 빛났습니다.

데이비드 브레이너드는 하나님이 찾고 계셨던 그런 사람들 중 하나였습니다. 그의 사역과 이름은 역사의 한 페이지를 장식했습니다. 그는 범상한 사람이 아니었습니다. 어떤 사람들 틈에 있든지 단연 빛났고, 지혜와 재능을 겸비한 사람들과 어깨를 나란히 했습니다. 그는 강단에서 사람들을 휘어잡는 설교를 하고 그를 담임목사로 모시려고 안달이 난, 세련미와 교양미가 넘치는 사람들 사이에서 사역할 수 있는 최적임자였습니다. 조너선 에드워즈는 이렇게 이야기합니다. "브레이너드는 나이는 젊지만 재능이 탁월하고, 인간과 사물에 대한 지식이 해박하고, 화술은 좌중을 휘어잡고, 신학에 대한 지식은 혀를 내두를 정도였습니다. 특히 체험적 신앙과 관련된 모든 문제를 명쾌히 풀어낸 그는 연소했지만 실로 비범한 성직자였습니다. 참된 신앙의 성격과 본질에 대해 분명하고 정확한 개념을 정립한 그와 견줄 만한 인물은 당대에 눈을 씻고 봐도 없었습니다. 제가 알기로, 그의 기도 자세는 필적할 상대가 없을 만큼 거의 독보적이었습니다. 그의 학식은 상당했고 설교에 뛰어난 은사를 받았습니다."

데이비드 브레이너드에 관한 기록에는 세상 어떤 연대기에서도 들을 수 없는 매우 감동적인 이야기가 실려 있습니다. 브레이너드라는 사람의 삶과 사역만큼 기독교 진리를 거룩한 힘으로 증언하는 기적은 없습니다. 그는 홀로 미국의 쓸쓸한 광야에서, 영혼을 돌보는 훈련은 받지 못한 채 밤낮 죽을병과 싸웠습니다.

그리고 그의 영혼은 거룩한 불길로 타오르며 시간과 장소에 상관없이 기도하면서 자신의 영혼을 하나님께 쏟아내고 가슴과 손에는 하나님의 말씀을 든 채 이교도 통역사의 서툰 통역을 통해 가까스로 인디언들에게 다가가 그들과 많은 시간을 보냈습니다. 그 와중에도 그는 온전히 하나님께 예배드리면서 예배의 온갖 은혜로운 열매들을 거두었습니다. 인디언들은 사람을 바보 천치로 만드는 무지하고 천박한 우상숭배를 버리고 순수하고 독실하며 사리 분별을 할 줄 아는 그리스도인으로 대변신했습니다. 그들은 온갖 악덕을 바로잡았고, 기독교의 외적 의무들을 받아들일 뿐 아니라 지키기까지 했습니다. 가정기도를 시작했고 안식일을 제정하여 충실히 지켰습니다. 신앙 체험에서 비롯된 은혜에서는 진한 향기가 배어나왔습니다. 이런 결과들을 가져온 주역은 브레이너드 자신입니다. 조건이나 우연이 아닌 브레이너드라는 인간입니다. 그는 하나님의 사람이었습니다. 처음부터 끝까지, 자나 깨나 오로지 하나님 생각뿐이었습니다. 하나님은 그를 통해 거침없이 나아가실 수 있었습니다. 브레이너드의 마음 상태에 따라 은혜의 무한한 힘이 제지당하지도 꺾이지도 않았습니다. 하나님의 충만하고 강력한 은혜가 흘러가도록 도관 전체를 넓히고 청소했습니다. 그리하여 전능하신 하나님은 희망이 사라진 쓸쓸한 황야에 오셔서 그곳을 꽃 피고 열매 맺는 정원으로 바꾸셨습니다. 함께 사역할 적임자가 나타난다면 하나님이 못 하실 일은 아무것도 없습니다. 브레이너드는 성결과 기도의 삶을 살았습니다. 그의 일기에는 때마다 금식하고 묵상하며 은거한 기록들이 지루할 정도로 많이 나옵니다. 그는 하루의 대부분을 홀로 기도하면서 보냈습니다. 브레이너드는 말합니다. "집에 오면 묵상과 기도, 금식에 전념합니다. 제 영혼은 금욕, 극기, 겸양, 세상과의 철저한 단절을 갈망합니다." 그의 말이 계속됩니다. "이 땅에서 하나님을 위해 정직하게 수고하지 않는다면 저는 세상과 무관합니다. 세상이 주는 그 무엇 때문이라면 저는 단 일 분도 살고 싶지 않습니다." 그는 이러한 방침에 따라 기도했습니다.

"하나님과의 사귐이 주는 달콤함, 그분이 베푸시는 사랑의 억제할 수 없는 힘, 그리고 그 사랑의 힘이 얼마나 감동적으로 영혼을 사로잡고 온갖 갈망과 애정이 하나님께 집중하게 하는지를 느끼면서, 저는 오늘을 은밀하게 금식 기도를 하는 날로 잡았습니다. 제게 주어진 복음 전도라는 위대한 사역과 관련하여 저를 인도하고 축복하며, 주님이 제게 다시 오셔서 그분 얼굴의 광채를 보여달라고 간청하기 위해서입니다. 오전에는 축 처졌습니다. 한낮이 되자 하나님은 곁에 없는 친구들을 위해 뜨겁게 중보기도 할 수 있게 하셨습니다. 밤중에 기도하는데 놀랍게도 주님이 찾아오셨습니다. 제 영혼이 그처럼 고뇌하기는 이번이 처음인 것 같습니다. 어떤 속박도 느끼지 않았습니다. 거룩한 은혜의 보물들이 제 앞에 펼쳐졌기 때문입니다. 곁에 없는 친구들을 위해, 영혼들의 결집을 위해, 많은 불쌍한 영혼들을 위해, 다수의 멀리 떨어진 지역에 있는, 개인적으로 하나님의 자녀라고 생각되는 많은 사람들을 위해 씨름했습니다. 온 힘을 다해 기도하느라 몸은 땀으로 뒤범벅되었습니다. 하지만 아무것도 한 일이 없다는 느낌이 들었습니다. 오, 사랑하는 나의 주님이 불쌍한 영혼들을 위해 기도하실 때 땀이 핏방울처럼 흘러내렸는데! 저는 그들에 대한 연민이 커지기를 바랐습니다. 저는 하나님의 사랑과 은혜가 느껴지면서 여전히 기분이 좋았습니다. 마음을 하나님께 두면서 유쾌한 기분으로 잠자리에 들었습니다."

기도를 강하게 하는 사람은 영적인 힘이 셉니다. 기도는 절대 소멸하지 않습니다. 브레이너드는 평생 기도하면서 살았습니다. 그는 밤낮 없이 기도했습니다. 설교 전후에도 기도했습니다. 적막하기 이를 데 없는 숲속을 말을 타고 지나갈 때도 기도했습니다. 짚으로 된 자기 침대에서도 기도했습니다. 빽빽하고 호젓한 숲속으로 들어가 기도했습니다. 시시각각, 날마다, 이른 아침부터 늦은 밤까지, 그는 기도하고 금식하고 자신의 영혼을 쏟아내고, 중보기도하며 하나님과 교제했습니다. 그가 하나님과 함께하면서 강하게 기도하자 하나님은 강력히 역사하셨습니다. 그렇게 함으로써 그는 죽었지만 말씀을 전하고 사역했으며, 종말이 올 때까지 또한 그렇게 할 것입니다. 그리고 주님이 재림하시는 그 영광스러운 날에 자랑스러운 성도들과 함께 가장 큰 상을 받게 될 것입니다. 조너선 에드워즈는 브레이너드를 이렇게 평합니다. "그의 삶은 목회 사역에서 성공하려면 어떤 길을 가야 하는지 보여줍니다. 그는, 포위작전이나 전투에 참가한 병사가 승리를 추구하듯, 경주에 뛰어든 선수가 큰 상을 노리듯 목회했습니다. 그리스도와 영혼들에 대한 사랑으로 힘을 얻은 그는 언제나 열정적으로 노력했습니다. 말씀과 가르침으로, 공과 사를 가리지 않고 했습니다. 뿐만 아니라 자신이 보냄을 받은 사람들의 가슴속에 그리스도가 자리를 잡기까지, 말할 수 없는 탄식과 고통으로, 해산의 고통 가운데서 은밀하게 하나님과 씨름하면서 밤낮으로 기도했습니다. 야곱처럼 동이 틀 때까지 밤새도록 끈질기게 씨름했습니다.

12

마음의 준비를 하라

Heart Preparation Necessary

이는, 마음에서 나오는 것만이 마음에 이를 수 있거나, 살아 있는 양심에서 나오는 것만이 양심을 찌를 수 있기 때문입니다.

-윌리엄 펜

아침이면 마음 준비보다 머리 준비에 더 신경 썼습니다. 저는 이런 실수를 자주 하는데, 특히 기도할 때마다 그것이 잘못된 것임을 느낍니다. 주님, 이제 더 이상 그런 실수를 하지 않게 해주십시오! 제 마음을 넓혀주시면 말씀을 전하겠나이다.

-로버트 머리 맥체인

마음이 아닌 머리를 주입하는 설교는 청중들로부터 이렇다 할 반응을 이끌어내지 못할 것입니다.

-리처드 세실

다양하고 다방면으로 힘을 지닌 기도는 입을 열어 기도의 충만함과 자유 가운데 있는 진리를 말하도록 도와줍니다. 설교자를 위해 기도해야 합니다. 설교자는 기도로 만들어지기 때문입니다. 설교자의 입을 위해 기도해야 합니다. 설교자의 입은 기도로 열고 채워야 하기 때문입니다. 거룩한 입은 기도, 많은 기도로 만들어집니다. 용기 있는 입도 기도, 많은 기도로 만들어집니다. 교회와 세상, 하나님과 천국은 바울의 입에 톡톡히 신세지고 있습니다. 바울의 능력 있는 입은 기도 덕분입니다.

여러 면에서 여러 방식으로 기도는 설교자에게 얼마나 다양하고 광대하고 가치 있고 유익한지 모릅니다. 기도의 중요한 가치 하나는 기도가 설교자의 마음을 돕는다는 것입니다.

기도는 설교자를 마음의 설교자로 만들어줍니다. 기도는 설교자의 마음이 설교자가 전하는 말씀 안으로 들어가게 합니다. 기도는 설교자가 전하는 말씀이 설교자의 마음속으로 들어가게 합니다.

마음이 설교자를 만듭니다. 마음이 큰 사람은 큰 설교자입니다. 마음이 나쁜 사람도 어느 정도 선을 행할 수는 있겠지만, 그런 일은 드뭅니다. 어떤 점에서, 돈만 주면 뭐든지 하는 사람이나 모르는 사람도 양들을 도와줄지 모릅니다. 그러나 양들을 축복하고 목자의 임무를 온전히 수행할 사람은 선한 목자의 마음을 가진 목자뿐입니다.

그동안 설교 준비만을 강조하다 보니 정작 중요한 준비 사항인 마음은 뒷전이었습니다. 준비된 마음은 준비된 설교보다 훨씬 낫습니다. 준비된 마음에서 준비된 설교가 나올 것입니다.

설교 요령이나 스타일을 소개하는 책들이 쏟아져나오면서 우리는 비계(건축 공사를 할 때 높은 곳에서 일할 수 있도록 설치하는 임시 가설물-역주)가 곧 건물이라는 착각에 빠졌습니다. 젊은 설교자들은 기계적이고 지적인 산물인 설교의 형식과 스타일, 아름다움에 자신의 모든 역량을 쏟으라는 가르침을 받아왔습니다. 그리하여 우리는 청중들에게 아주 나쁜 취향을 심어주었고, 은혜보다는 재능을, 경건보다는 달변을, 계시보다는 수사학을, 거룩함보다는 명성과 총명함을 칭송하게 만들었습니다. 그로 인해 우리는 설교의 참된 의미를 상실했고, 설교의 능력을 상실했고, 날카로운 죄의식을 상실했고, 풍성한 체험과 고상한 기독교적 품성을 상실했고, 언제나 진정한 설교에서 비롯되는 양심과 삶을 지배하는 권위를 상실했습니다.

설교자들이 공부에 파묻혀 산다는 의미가 아닙니다. 더러는 공부와 담을 쌓고, 더러는 조금 공부합니다. 제대로 공부하여 자신들이 하나님께 인정받은 일꾼임을 보여주는 설교자들은 손으로 꼽을 정도입니다. 문제는 머리 문화가 아닌 마음 문화를 경시하는 데 있습니다. 가슴 아픈 현실은 지식이 부족한 게 아니라 거룩함을 찾기가 어렵다는 점입니다. 지식이 넘치는 게 아니라, 하나님과 그분의 말씀을 묵상하지 않고 깨어 기도하며 금식하는 일을 제대로 하지 않는다는 점입니다. 마음이 설교의 커다란 장애물입니다. 설교 내내 거룩한 진리가 선포되면 우리 마음에서 절연체(non-conductor · 열이나 전기를 전달하지 못하는 물체-역주)가 모습을 드러냅니다. 선포되지 않으면 절연체는 전류가 차단

되고 동력이 끊깁니다.

박수갈채와 지위를 탐하고 야망에 사로잡힌 사람이 명성을 멀리하고 종의 형태를 취하신 주님의 복음을 전할 수 있을까요? 거드름 피우고 허영심이 강한 데다 자기밖에 모르는 사람이 온유하고 비천하신 주님의 복음을 전할 수 있을까요? 성미가 고약하고 화를 잘 내고 이기적이고 엄하고 세속적인 사람이 오래참음과 극기와 동정심을 강조하는, 원수 갚지 말고 세상에 대해 십자가에 못 박힐 것을 엄히 요구하는 시스템을 전할 수 있을까요? 돈에 혈안이 된 관리, 냉혹하고 겉치레를 좋아하는 사람이 목자더러 양들을 위해 목숨을 바치라고 하는 복음을 전할 수 있을까요? 돈이라면 사족을 못 쓰는 사람이, 자신의 마음을 추스르고 "저는 재물을 똥과 쓰레기로 간주해 발로 짓밟습니다. 저(아직은 제가 아니라, 제 안에 계신 하나님의 은혜)는 재물을 한갓 거리의 진창으로 여깁니다. 그래서 바라지도, 추구하지도 않습니다"라는 웨슬리의 고백에 나타난 그리스도와 바울의 정신으로 말하지 않으면서 복음을 전할 수 있을까요? 하나님의 계시는 스스로 치장하거나 강화하기 위해 인간의 재능 조명도, 문화의 세련됨과 강함도, 사고의 총명함도, 두뇌의 힘도 필요하지 않습니다. 어린이의 마음과 같은 단순함, 순종, 겸손, 그리고 믿음을 요구할 뿐입니다.

바울이 사도들 가운데 단연 으뜸이 된 것은 이처럼 지성과 비범한 재능을 거룩하고 영적인 힘에 철저히 굴복시켰기 때문입니다. 웨슬리도 바울을 본받아 능력 있는 설교자가 되었고 인류 역사에 큰 발자취를 남겼습니다. 로욜라 역시 바울처럼 했기에 가톨릭교회의 힘이 약화되는 것을 능히 막을 수 있었습니다.

우리에게 절실히 필요한 것은 마음 준비입니다. 루터는 마음 준비에 대해 "기도를 잘하는 사람이 공부도 잘합니다"라는 짤막한 경구로 설명했습니다. 인간은 생각하거나 자신의 지성을 사용하면 안 된다는 말이 아닙니다. 자신의 마음을 가장 잘 경작하는 사람이 자신의 지성을 가장 잘 이용할 수 있다는 뜻입니다. 설교자들은 학생이 되면 안 된다는 말이 아닙니다. 그들에게 가장 중요한 교과서는 성경이 되어야 하고, 부지런히 마음을 잘 다스리는 사람이 성경을 가장 잘 공부할 수 있다는 뜻입니다. 설교자들은 인간을 알면 안 된다는 말이 아닙니다. 자기 자신의 마음이 얼마나 심오하고 복잡한지를 헤아릴 때 비로소 인간에 대한 이해가 보다 깊어진다는 뜻입니다. 설교의 통로가 머리(mind)라면 그 원천은 마음(heart)이라고 말합니다. 통로를 넓히고 깊게 할 수는 있지만, 원천의 깨끗함과 깊이에 주목하지 않으면 통로가 건조해지거나 오염될 것입니다. 복음을 전하기에 충분한 감각은 일반적인 지성의 소유자라면 거의 누구나 있지만 그렇게 하기에 충분한 은혜를 받은 사람은 손으로 꼽을 정도라고 합니다. 자신의 마음과 씨름해서 이기는 사람, 자신의 마음에 겸손, 믿음, 사랑, 진리, 자비, 연민, 용기를 가르치는 사람, 남자다운 지성, 회중들의 양심에 복음의 능력으로 지나치게 부담지우는 모든 것을 통해 이러한 미덕들로 훈련된 마음에서 풍성한 보물들을 쏟아낼 수 있는 사람, 바로 그런 사람이 주님 보시기에 가장 진실하고 큰 열매를 맺는 설교자가 될 것입니다.

13

은혜는 머리가 아니라 마음으로부터

Grace from the Heart Rather than the Head

뛰어난 설교자가 되기 위한 공부는 하지 마십시오. 여리고 성은 양각 나팔 소리에 무너져 내렸습니다. 먹을거리를 설교하려면 그저 예수만을 바라보십시오. 구하면 주시고, 주시는 것은 축복을 받습니다. 그것이 보리쌀 한 톨이든, 밀로 만든 빵 한 덩어리든, 빵 껍데기나 부스러기든 말입니다. 마음 상태에 따라 입은 흐르는 시내나 고인 샘이 될 수 있습니다. 설교하거나 말할 때, 혹은 글을 쓸 때 논쟁은 일절 피하십시오. 설교할 때 아래로는 사탄만을, 위로는 예수 그리스도만을 전하십시오.

- 존 베리지

마음이 세상을 구원합니다. 머리는 못합니다. 비범한 재능, 두뇌, 총명함, 힘, 타고난 은사도 못합니다. 마음은 복음을 전하는 통로입니다. 마음의 힘은 천하무적입니다. 마음의 은혜는 세상에서 가장 멋지고 가장 사랑스럽습니다. 위대한 마음이 위대한 성품을, 거룩한 성품을 빚습니다. 하나님은 사랑이십니다. 사랑보다, 하나님보다 더 위대한 것은 없습니다. 마음이 천국을 만듭니다. 천국은 사랑입니다. 천국보다 더 고상하고, 더 멋진 것은 없습니다. 하나님이 크게 쓰시는 설교자들을 만드는 것은 머리가 아니라 마음입니다. 마음은 신앙의 모든 면에서 정말 중요합니다. 설교자가 전해야 하는 것도, 회중이 들어야 하는 것도 마음입니다. 사실 우리는 마음으로 하나님을 섬깁니다. 머리로 하는 존경은 천국에서 안 통합니다.

오늘날 설교자들이 강단에서 자주 저지르는 중대한 실수 중 하나는 기도보다는 생각을, 마음보다는 머리를 더 강조하는 것입니다. 큰 마음이 큰 설교자를 만듭니다. 선한 마음이 선한 설교자를 만듭니다. 신학교에서 마음을 넓히고 갈고닦는 훈련을 시킨다면 복음은 더 바랄 게 없습니다. 목사는 마음으로 회중을 인도하고 다스립니다. 회중은 목사의 은사에 경탄하고, 그의 능력을 자랑스러워하고, 그의 설교에 잠시 영향을 받을지도 모릅니다. 하지만 목사가 지닌 능력의 원천은 그의 마음입니다. 목사의 홀(笏)은 사랑입니다. 목사가 지닌 능력의 왕권은 사랑입니다.

선한 목자는 양들을 위해 목숨을 바칩니다. 머리는 결코 순교자를 만들지 못합니다. 사랑과 충성에 목숨을 내어주는 것은 마음입니다. 신실한 목사가 되려면 큰 용기가 필요한데, 마음만이 이런 용기를 줄 수 있습니다. 훌륭하다는 평가는 머리의 은사와 재능이 아닌 마음의 은사와 재능이 받을지도 모릅니다.

마음 준비보다 머리 채우기가 더 쉽습니다. 마음 설교보다 두뇌 설교가 더 쉽습니다. 마음이 하나님의 아들을 천국에서 내려오게 했습니다. 마음이 인간을 천국으로 인도할 것입니다. 세상의 비애에 공감하고, 세상의 슬픔을 사라지게 하고, 세상의 비참을 동정하고, 세상의 고통을 덜려면 마음의 사람들이 필요합니다. 그리스도는 단연 마음의 사람이셨기에 슬픔에 공감하는 능력이 정말 뛰어났습니다.

"네 마음을 내게 다오." 하나님은 인간에게 이렇게 요구하십니다. "네 마음을 내게 다오!" 사람은 사람에게 이런 요구를 합니다.

직업적으로 하는 목회는 마음이 없는 목회입니다. 목회가 돈에 휘둘리면 마음은 설 자리가 없습니다. 설교를 우리 일로 삼으면서도 마음을 쏟지 않을 수 있습니다. 설교에서 자아를 전면에 내세우면 마음은 뒷전으로 밀립니다. 서재에서 마음의 씨를 뿌리지 않으면 하나님을 위해 아무것도 거두지 못합니다. 골방은 마음의 서재입니다. 어떻게 설교하고 무엇을 전할지를 배우려면 도서관이 아니라 골방으로 가야 합니다. "예수께서 눈물을 흘리시더라"(요 11:35). 성경에서 가장 짧지만 가장 중요한 구절입니다. 예수님은 (거창한 설교를 하면서가 아니라) 울면서 씨를 뿌리러 나가서 기쁨으로 그 곡식 단을 가지고 돌아오실 것입니다.

기도하면 감각이 되살아나고 지혜를 얻고 마음이 넓어지고 강해집니다. 설교자에게 골방은 최고의 선생님이자 학교입니다. 생각은 기도 중에 명료해지고 확실해질 뿐 아니라 나오기도 합니다. 한 시간을 제대로 기도하면 서재에서 몇 시간 보낼 때보다 더 많이 배웁니다. 세상 어디에서도 찾거나 읽을 수 없는 책들을, 세상 어디에서도 얻을 수 없는 계시를 골방에서 만날 수 있습니다.

14

필요에 기름 부어라

Unction a Necessity

개인기도가 목회에 선사하는 근사한 축복 하나는 말로 표현할 수 없는 독특한 그 무엇입니다. 성령의 기름 부음이 바로 그것입니다. …… 우리가 받는 기름 부음이 만군의 주님으로부터 오지 않는다면 우리는 속이는 자들입니다. 기도할 때만 기름 부음을 받을 수 있기 때문입니다. 탄원기도는 즉시 끊임없이 뜨겁게 계속합시다. 당신의 양털을 탄원이라는 바닥에 놓고 힘껏 쳐서 천국 이슬이 머금게 합시다.

-찰스 스펄전

웨슬리 당대의 기독교 철학자로서 그를 지지하는 않지만 개인적으로 친분이 두텁고, 웨슬리 운동에 정신적으로 깊이 공감한 알렉산더 녹스(Alexander Knox)는 이렇게 쓰고 있습니다. "이해할 수 없고 통탄할 일이지만, 영국에서 정말 재미있는 설교를 들으려면 감리교 신자나 감리교 목사에게 가야 한다고 합니다. 제가 생각해도 맞는 말입니다. 성직자들 대부분은 예술 감각을 완전히 상실했습니다. 도덕 세계의 위대한 법칙을 보면 올

바로 선포되는 종교적 진리와 인간 정신의 가장 심오한 감정 사이에는 화학의 친화력과 같은 일종의 비밀스러운 이해가 있다는 생각이 듭니다. 하나가 적절하게 표현되면 나머지 하나가 반응할 것입니다. 우리 마음이 우리 안에서 불타오르지 않았습니까? 이 경건한 느낌은 설교자에게 없어서는 안 됩니다. 이제 제가 직접 관찰한 바를 말씀드려야겠습니다. 프랑스인들도 적절히 이름 붙이는 이 기름 부음(unction)은 영국에서 교구 교회보다는 감리교 비밀 집회소에서 비교 대상을 찾을 수 있겠지만, 그럼에도 이 기름 부음은 쉽게 설명할 수 없습니다. 기름 부음, 오직 이것만이 사실상 감리교 신자들의 집을 채우고 국교회를 약화시키는 것처럼 보입니다. 저는 광신자가 아닙니다. 저는 매우 성실하고 따뜻한 목사입니다. 헤일앤보일 스쿨(School of Hale and Boyle)과 버넷앤레이턴 스쿨(School of Burnet and Leighton)의 겸손한 제자이기도 하고요. 단언컨대, 2년 전 영국에 있었을 때 감리교 신자로 생각되는 제 위대한 스승들처럼 저를 가르친 설교자는 없었습니다. 이제 저는 다른 어느 곳에서도 진심 어린 가르침을 얻겠다는 기대는 눈곱만큼도 하지 않습니다. (제가 그들의 온갖 어법을 늘 지지하지는 않지만) 감리교 설교자들은 자신감에 넘쳐 이 참되고 순수한 신앙을 널리 전합니다. 지난 주일 저는 정말 기분이 좋았습니다. 설교자가 진리의 말씀을 진지하게 전했기 때문입니다. 언변은 뛰어나지 않았습니다. (그 정직한 설교자가 화술로 회중의 마음을 사로잡겠다는 생각을 했을 리 만무합니다.) 하지만 화술을 능가하는 무언가가 있었습니다. 그것은 충심으로 전한 생생한 진리입니다. 제가 '생생하다'라고 말하는 것은, 회중에게 전한 말씀을 설교자가 삶으로 드러낸다는 느낌을 받았기 때문입니다."

이 기름 부음은 설교의 기술입니다. 이 기름 부음을 한 번도 받지 못한 설교자는 설교의 기술을 절대 알지 못합니다. 이 기름 부음을 잃어버린 설교자는 설교의 기술을 잃어버린 것입니다. 설교자가 다른 기술들을 갖고 있고, 설교 만들기 기술, 달변의 기술, 심오하고 명료하게 생각하는 기술, 청중을 흡족하게 하는 기술을 유지하더라도 기름 부음이 없으면 설교의 신령한 기술을 상실한 것입니다. 이 기름 부음은 하나님의 진리에 능력과 흥미를 부여합니다. 사람들을 이끌고 매료시키고 품성을 높이고 죄를 깨닫게 하고 구원에 이르게 합니다.

이 기름 부음은 하나님이 계시하신 진리에 생기를 주고, 그 진리를 살아 있고 생명을 주는 것으로 만듭니다. 이 기름 부음이 없으면 하나님의 진리조차도 가볍고 죽었으며 죽이는 것으로 전락합니다. 비록 진리가 풍성하고, 생각으로 설득력을 지니고, 수사학으로 번뜩이고, 논리가 날카롭고, 진지하게 능력을 발휘하더라도, 이 신령한 기름 부음이 없으면 생명이 아닌 죽음을 낳습니다. 스펄전 목사는 말합니다.

"얼마나 오래 머리를 짜내야 기름 부음 받은 설교로 뜻하는 바를 말로 분명히 표현할 수 있을지 모르겠습니다. 하지만 전하는 자는 기름 부음이 있음을 알고, 듣는 자는 기름 부음이 없음을 이내 간파합니다. 기근이 든 사마리아는 기름 부음이 없는 설교를 상징합니다. 기름진 음식들로 그득하고 신명 나는 잔치가 벌어진 예루살렘은 기름 부음으로 풍성해진 설교를 나타낼지도 모릅니다. 풀잎마다 알알이 맺힌 진주들이 빛날 때 아침의 상쾌함을 실감하게 됩니다. 하지만 자기 힘으로 그런 상쾌함을 창조하는 것은 둘째 치고 누가 그것을 묘사할 수 있을까요? 영적 기름 부음의 신비가 그러합니다. 알지만 그게 무엇인지 설명하기는 어렵습니다. 거짓된 기름 부음을 꾸미는 것은 쉽지만 어리석은 일입니다. 기름 부음은 당신이 제조할 수 있는 게 아닙니다. 그리고 그것의 짝퉁은 시시하기보다는 나쁜 것입니다. 그럼에도 짝퉁은 나름 대단히 귀중하고 아주 요긴하게 쓰입니다. 신자들의 품성을 높이고 죄인들을 그리스도께 인도하고자 한다면 말입니다."

15

기름 부음, 참된 복음 전파의 표지

Unction, the Mark of True Gospel Preaching

영원을 옹호하십시오. 무엇보다도 당신 자신의 영혼을 잘 가꾸십시오. 양심이 깨끗하고 마음이 하나님의 영으로 충만할 때 하는 한마디는 불신과 죄 가운데서 내뱉을 만 마디보다 더 가치 있습니다. 영광을 받으실 분은 당신이 아니라 하나님이심을 명심하십시오. 세상 조직이라는 베일이 걷히는 날, 우리는 하나님의 자녀들이 얼마나 많은 기도 응답을 받았는지 알게 될 것입니다.

-로버트 머리 맥체인

정의할 수도, 묘사할 수도 없는 기름 부음을 스코틀랜드의 어느 나이 든 저명한 설교자는 이렇게 기술합니다. "설교하다 보면 이따금 상황이나 표현 탓으로 돌릴 수 없는, 그것이 무엇인지 혹은 어디서 오는지 기술할 수 없는 무언가가 있습니다. 그런데 하나님의 말씀에서 즉각 나오는 그것은 거부할 수 없는 매력으로 마음속으로 들어가 사랑을 꽃피웁니다. 하지만 그런 것을 얻을 수 있다면 그것은 설교자의 거룩한 성품으로

만 가능할 것입니다."

우리는 그것을 기름 부음이라고 부릅니다. 하나님의 말씀으로 하여금 "살아 있고 활력이 있어 좌우에 날선 어떤 검보다도 예리하여 혼과 영과 및 관절과 골수를 찔러 쪼개기까지 하며 또 마음의 생각과 뜻을 판단(히 4:12)"하게 만드는 것이 이 기름 부음입니다. 설교자가 전하는 말씀에 그런 요점과 날카로움, 능력을 부여하고, 죽은 회중 가운데 적잖은 소동과 불화를 일으키는 것이 이 기름 부음입니다. 율법 조문을 엄격히 적용할 때도 그런 일이 있었다고 하지만 인간의 행위로는 그렇게 할 수 없었습니다. 생명의 징후도 없었고 맥박도 뛰지 않았습니다. 모든 것이 무덤처럼 적막하고 죽어 있었습니다. 그러나 설교자가 이 기름 부음의 세례를 받자 거룩한 숨결이 그에게 임합니다. 하나님 말씀의 문자는 이 신비스러운 힘으로 윤색되고 불이 붙었습니다. 바야흐로 생명의 약동(생명이 받아들이거나 생명이 저항하는)이 시작됩니다. 기름 부음이 양심에 스며들어 유죄를 선고하고 가슴을 찢습니다.

이 거룩한 기름 부음은 진정한 복음 전파와 그 밖의 온갖 방식으로 진리를 선보이는 것을 분리하고 구별하며, 기름 부음을 받은 설교자와 그렇지 않은 설교자 사이에 거대한 영적 간극을 만들어내는 것이 특징입니다. 이 거룩한 기름 부음은 계시된 진리를 하나님의 모든 에너지로 뒷받침하고, 그 진리에 하나님의 모든 에너지가 스며들게 합니다. 기름 부음은 그저 하나님을 그분 자신의 말씀 안에 거하시도록 하고, 자신이 세운 설교자에게 임하시게 합니다. 본질에 충실한 기도를, 강력하고 지속적으로 함으로써 기름 부음은 설교자에게 모든 가능성과 고유성을 부여합니다. 기름 부음은 설교자의 지성을 고무하고 명쾌하게 합니다. 통찰과 이해력과 예측할 수 있는 힘을 줍니다. 설교자에게 머리의 힘보다 더 큰 마음의 힘을 선사합니다. 마음으로부터 부드러움과 순수함, 힘이 흘러나오게 합니다. 기름 부음을 받으면 생각이 넓어지고 거리낌이 없고 충만해집니다. 말이 솔직하고 단순해집니다.

사람들은 종종 진지함을 이 기름 부음으로 착각합니다. 신령한 기름 부음을 받으면 사물의 지극히 영적인 본성을 진지하게 추구할 것이지만, 기름 부음을 눈곱만큼도 받지 않아도 매우 진지해질 수 있습니다.

어떤 관점에서 볼 때 진지함과 기름 부음은 닮았습니다. 진지함은 손쉬우면서도 감쪽같이 기름 부음으로 대체하거나 착각할 수도 있습니다. 이를 분별하려면 영적인 눈과 감각이 필요합니다.

진지함은 성실과 엄숙함과 열렬함과 끈기를 지닐지도 모릅니다. 진지함은 선한 의도로 어떤 일을 열심히 하고, 끈기 있게 그것을 추구하고, 열렬하게 그것을 촉구하고, 그것에 힘을 쏟습니다. 하지만 이 모든 힘들이 한갓 인간을 능가하지 못합니다. 진지함 안에 인간이 있습니다. 의지와 마음, 지능과 비범한 재능, 계획 세우기와 일하기와 이야기하기에 관해 모든 것을 지닌 전인(全人)이 있습니다. 그는 자신을 굴복시킨 어떤 목적에 투신했는데, 이제는 그 목적을 자신의 뜻에 굴복시키려 합니다. 그 목적 안에 하나님이 전혀 없거나 거의 없을지도 모릅니다. 인간의 그림자가 너무 짙게 드리워 있기 때문입니다. 인간은 자신의 진지한 목적을 옹호하는 탄원들을 할지도 모르고, 그런 탄원들이 중요하다는 확신으로 사람들을 흡족하게 하거나 접촉하고, 감동시키거나 압도합니다. 모든 것에 있어 이 진지함은 세상적인 방식에 따라 움직이고 인간의 힘들로만 추진될지도 모릅니다. 그 제단은 세상의 손으로 짓고, 제단의 불은 세상의 불꽃으로 지필지도 모릅니다. 여러 은사를 받은 꽤 유명한 설교자가 성경을 해석했는데, 그 해석이 자신의 마음에 들거나 목적에 부합했습니다. 그런데 사람들 말로는, 그가 "자신의 주석을 훨씬 능가하는 설교를 했다"고 합니다. 그래서 사람들은 자신들의 계획이나 운동을 훨씬 능가하는 진지함을 보입니다. 진지함이란 가면을 쓴 이기심일지도 모릅니다.

기름 부음은 어찌 될까요? 설교를 설교답게 해주는 기름 부음은 정의할 수 없습니다. 기름 부음은 설교를 인간의 냄새가 폴폴 풍기는 온갖 연설과 구별하고, 설교를 거룩하게 만듭니다. 기름 부음은 날카로움이 필요한 자들에게는 날카로운 설교를 들려주며, 원기 회복이 필요한 자들에게는 이슬처럼 방울져 떨어집니다.

"양날을 가진 검
천국의 예리한 성질을 가졌어라,
상처는 갑절로 입는구나
어디서든 헤집고 들어가면.
그것은 죽어 토사가 되었고, 그것은 생명이었구나
죄 때문에 통곡한 모든 자들에게.
그것은 불을 지폈고, 그것은 다툼을 잠재웠구나,
안에 전쟁을 일으켰고 평화를 만들었구나."

이 기름 부음은 설교자가 서재가 아닌 골방에 있을 때 주어집니다. 기름 부음은 기도에 대한 응답으로 하늘의 것이 서서히 드러나는 것입니다. 기름 부음은 성령이 내쉬는 가장 향기로운 숨입니다. 기름 부음은 스며들게 하고, 퍼지고, 부드럽게 하고, 거르고, 자르고, 달래줍니다. 기름 부음은 다이너마이트 같은, 소금 같은, 설탕 같은 하나님의 말씀을 전합니다. 하나님의 말씀을 위로하는 사람, 준비하는 사람, 계시하는 사람, 탐구하는 사람으로 만듭니다. 청중을 죄인이나 성인으로 만듭니다. 어린아이처럼 울게 하기도 하고 거인처럼 살게 하기도 합니다. 청중으로 하여금 순순히 마음과 지갑을 열게 하지만, 거기에는 잎이 나게 하는 봄의 강렬함이 있습니다. 이 기름 부음은 비범한 재능의 은사가 아닙니다. 기름 부음은 학문의 전당에서 찾을 수 없습니다. 달변이라고 해서 조를 수 있는 게 아닙니다. 부지런하다고 해서 받을 수 있는 게 아닙니다. 고위 성직자라고 해서 줄 수 있는 게 아닙니다. 기름 부음은 하나님의 은사로, 그분이 세운 사자들에게 맡기신 인장입니다. 기름 부음은 오랜 시간 눈물 흘리고 씨름하는 기도를 하면서 이 기름 부음이라는 영광을 추구해온, 참되고 용감한 택함 받은 자들에게 천국이 수여하는 기사의 신분입니다.

진지함은 선하고 인상적이며, 비범한 재능은 타고났으며 위대합니다. 생각은 불을 지피고 영감을 줍니다. 하지만 죄의 사슬을 끊고, 소외당하고 타락한 영혼을 설득하여 하나님께 인도하고, 단절된 관계를 회복하고 교회가 예전의 순수함과 능력을 되찾게 하려면 보다 거룩한 재능, 즉 진지함이나 비범한 재능이나 생각보다 더 강력한 에너지가 필요합니다. 이것은 거룩한 기름 부음만이 해낼 수 있습니다.

16

기름 부음을 위해 기도에 힘쓰라

Much Prayer the Price of Unction

기름 부음을 받지 않으면 모든 목사들이 기울이는 노력은 덧없거나 덧없음보다 더 나쁘게 될 것입니다. 기름 부음은 천국에서 내려와 목회에 향기와 느낌과 풍미를 줍니다. 목사로 하여금 떳떳하게 직무를 수행하게 만드는 여타의 수단들 가운데 일등석은 성경이 차지해야 합니다. 마지막 자리 또한 하나님의 말씀과 기도가 차지해야 합니다.

-리처드 세실

기독교 체계에서 기름 부음은 하나님의 사역을 위해 구별하고 자격을 부여하는 성령의 인치심입니다. 이 기름 부음은 설교자로 하여금 구원이라는 설교 특유의 목적을 달성하게 해주는 하나의 거룩한 행위입니다. 이 기름 부음이 없으면 참된 영적 열매를 맺지 못합니다. 설교가 열매를 맺고 힘이 있더라도 축성되지 않는 연설의 수준을 넘지 못합니다. 기름 부음이 없어도 축성되지 않은 연설은 설교만큼 설득력을 지닙니다.

설교자가 이 거룩한 기름 부음을 받으면 복음에서 비롯되는 영적 열매들이 하나님의 말씀을 통해 맺힙니다. 기름 부음이 없으면 그런 열매들을 맺지 못합니다. 자주 유쾌한 인상을 줄 수 있을지도 모르나 이는 복음 전파에 별로 도움이 되지 않습니다. 거짓 기름 부음이 있을 수 있습니다. 기름 부음처럼 보이는 것들이 많고, 기름 부음이 낳는 결과나 비슷한 것들도 많습니다. 하지만 그런 것들은 기름 부음이 낳는 결과와 기름 부음의 본질과는 거리가 멉니다. 슬픔을 자아내거나 감정에 호소하는 설교가 일으키는 열정이나 부드러움은 거룩한 기름 부음의 움직임들처럼 보일지도 모릅니다. 허나 거기에는 신랄하고, 죄를 범하는 마음을 깨뜨리는 힘이 없습니다. 이 피상적이고 동정적이며 감정적인 움직임들에는 마음을 치유하는 향유가 없습니다. 이런 움직임들은 급진적이지도 않을뿐더러, 죄를 살펴보거나 치유하지도 않습니다.

이 거룩한 기름 부음은 참된 복음 전파를 그 밖의 다른 방식으로 진리를 선보이는 것과 확연히 구분하는 것이 특징입니다. 기름 부음은 하나님의 온갖 힘으로, 계시된 진리를 뒷받침하고 그 진리에 고스란히 스며듭니다. 기름 부음은 하나님의 말씀을 비춥니다. 지성을 확장하고 풍요롭게 하며 하나님의 말씀을 이해하고 파악할 수 있도록 힘을 실어줍니다. 기름 부음은 설교자의 마음을 적합한 상태로 만들어줍니다. 그 마음을 가장 고상한 결과를 낳는 데 필요한 부드러움과 순수함과 힘과 빛의 상태로 만들어줍니다. 설교자가 기름 부음을 받으면 생각과 영이 거리낌이 없어지고 확장됩니다. 이는 말의 자유와 완전함, 솔직함으로서 다른 방식들로는 확보할 수 없습니다.

설교자가 이 기름 부음을 받지 않으면 그 밖의 다른 진리 체계뿐 아니라 복음 또한 자신을 전파할 능력을 갖지 못하게 됩니다. 기름 부음은 복음이 거룩하다는 징표입니다. 설교자가 기름 부음을 받으면 하나님이 복음 안으로 들어오십니다. 기름 부음이 없으면 하나님은 임재하지 않으시고, 복음은 인간이 복음의 교리를 강요하고 이해시키기 위해 자신의 능력과 흥미, 재능으로 고안해낼 수 있는 저급하고 불만족스러운 힘에 휘둘립니다.

다른 어떤 점에서보다 바로 이 점에서 강단은 쉽게 실패합니다. 바로 이 지극히 중요한 점에서 강단은 실수합니다. 강단이 학식을 자랑하고, 총명함과 달변이 즐거움과 매력을 주고, 기분을 들뜨게 하거나 죄의식을 덜 느끼게 하여 사람들을 끌어 모으고, 정신력이 자신의 자원을 총동원하여 진리에 힘을 실어줄지도 모릅니다. 하지만 기름 부음이 없으면 이 모든 것들은 한갓 지브롤터 해협의 거센 파도에 지나지 않습니다. 스프레이와 거품으로 덮고 광택이 나게 할 수는 있겠지만, 지브롤터의 바위들은 끄덕도 하지 않은 채 여전히 건재할 것입니다. 바다에서 끊임없이 몰아치는 파도가 이 바위들을 휩쓸어가지 못하듯, 이 인간적인 힘들로도 인간 마음에 내재된 완악함과 죄를 어찌하지 못합니다.

이 기름 부음은 거룩하게 하는 힘이고, 기름 부음의 존재는 그런 축성에 대한 지속적인 검증입니다. 설교자로 하여금 하나님과 그분의 사역에 대한 헌신을 다짐하게 하는 것이 바로 거룩한 기름 부음입니다. 다른 힘이나 동기들로 사역에 부름을 받을지도 모르지만, 오직 이 기름 부음만이 거룩하게 합니다. 성령의 능력으로 하나님의 사역을 하도록 구별하는 것은 하나님이 적법하다고 인정하시는 유일한 축성입니다.

기름 부음, 거룩한 기름 부음, 이 천국의 기름 부음은 강단에 절대 없어서는 안 됩니다. 하나님이 손수 부어주시는 이 거룩한 천국의 기름이 전인(마음, 머리, 영혼)을 부드럽게 하고 매끄럽게 할 때 비로소 설교자는 이 땅의 온갖 세속적이고 현세적이며 이기적인 동기 및 목표들과 완전히 결별하여 오로지 순수하고 신성한 모든 것에 매달립니다.

설교자가 이 기름 부음을 받으면 회중 가운데서 적잖은 소동과 갈등이 일어납니다. 율법 조문을 엄격히 적용할 때도 그런 일이 있었다고 하지만, 어떤 파문도 일지 않았고 어떤 고통이나 진동도 느껴지지 않았습니다. 모든 것이 무덤처럼 적막하기만 합니다. 또 다른 설교자가 오자 이 신비스러운 영향력이 그에게 미칩니다. 하나님 말씀의 문자는 성령으로 불이 붙었고, 강력한 움직임에 따른 고통이 느껴집니다. 기름 부음은 양심에 스며들어 소동을 일으키고 마음을 찢습니다. 기름 부음이 없는 설교는 모든 것을 경직되게 하고 메마르게 하고 신랄하게 하고 생기를 잃게 합니다.

이 기름 부음은 기억이나 과거의 중대사건일 뿐 아니라 현재 실현된 기정사실이기도 합니다. 기름 부음은 설교자가 전하는 말씀뿐 아니라 그의 경험에도 관계가 있습니다. 기름 부음은 설교자가 능력으로 그리스도의 진리들을 선포하는 수단이기도 하려니와, 설교자를 그가 주인으로 섬기는 거룩한 분의 형상으로 변화시키는 주체이기도 합니다. 목회가 기름 부음을 받으면 엄청난 능력이 생겨 기름 부음을 받지 않는 그 밖의 모든 것을 연약하고 덧없는 것으로 만듭니다. 그리고 기름 부음으로 인해 그 밖의 모든, 보다 연약한 힘들의 부재를 보상합니다.

이 기름 부음은 양도할 수 없는 은사가 아니라 잠정적 은사입니다. 그리고 기름 부음이 처음에 확고히 되었던 것과 동일한 과정에 의해, 하나님께 끊임없이 드리는 기도에 의해, 하나님을 향한 뜨거운 갈망에 의해, 기름 부음을 어림잡는 것에 의해, 지칠 줄 모르는 열정으로 기름 부음을 추구하는 것에 의해, 기름 부음이 없는 그 밖의 모든 것을 상실과 실패로 여기는 것에 의해 기름 부음의 현존은 영속하게 되고 확장됩니다.

이 기름 부음은 어떻게, 어디에서 올까요? 기도에 응답하시는 하나님으로부터 직접 옵니다. 기도하는 마음만이 이 성유(聖油)로 채워집니다. 기도하는 입술만이 이 거룩한 기름으로 부어집니다.

기름 부음을 전하려면 기도, 많은 기도가 필요합니다. 이 기름 부음을 지속하는 유일무이한 조건은 기도, 많은 기도입니다. 끊임없이 기도하지 않으면 설교자는 결코 기름 부음을 받지 못합니다. 끈기 있게 기도하지 않으면 기름 부음은 더 거두어들인 만나처럼 벌레가 생기게 됩니다.

17

기도, 영적 리더십의 표시

Prayer Marks Spiritual Leadership

오직 죄만을 두려워하고 하나님만을 갈망하는 설교자 100명을 제게 주십시오. 그들이 목사건 평신도건 저는 전혀 개의치 않습니다. 그런 사람만이 지옥의 문을 흔들고 이 땅에 천국을 세울 것입니다. 하나님은 반드시 기도에 응답하십니다.

-존 웨슬리

　　사도들은 기도가 목회에 필요하고 중요하다는 것을 간파했습니다. 그들은 사도의 고귀한 직분이 기도의 부담을 덜어주기보다는 더 시급한 필요에 따라 기도에 전념하게 함을 깨달았습니다. 그리하여 사도들은 그 밖의 다른 중요한 일을 처리하느라 시간을 많이 빼앗겨 정작 자신들이 기도하지 못하는 일이 일어나지 않도록 각별히 신경 썼습니다. 그들은 방해받지 않고 "오로지 기도하는 일과 말씀 사역에 힘쓰기"(행 6:4)위해 평신도들을 세워 가난한 사람들을 섬기는 세심하면서도 손이 많이 가는 일들을 맡겼습니다. 사도들에게는 기도가 우선이고 기도와 맺는 관계가 가장 중요했습니다. "기도에 전념하리니"(행 6:4)가 이를 입증합니다. 그들은 기도를 본업으로 삼고, 기도에 전념하며, 기도에 열정과 긴급성과 끈기와 시간을 쏟았습니다.

이 신성한 기도 사역에 전념하는 사도들은 얼마나 거룩한지요! "주야로 심히 간구함은"(살전 3:10)이라고 바울은 말합니다. "우리는 오로지 기도하는 일에 힘쓰리라"(행 6:4)는 사도들이 헌신하기로 합의한 내용입니다. 어떻게 이 신약성경의 설교자들이 하나님의 백성을 위한 기도에 자신을 바쳤는지요! 어떻게 그들이 기도함으로써 온 힘을 다해 '하나님이 교회에 임재하시게 했는지요! 이 거룩한 사도들은 하나님의 말씀을 충실히 전하기만 하면 자신들의 고귀하고 엄숙한 의무를 다했다'는 헛된 망상에 빠지지 않았습니다. 오히려 그들의 설교는 열정적이고 끈기 있는 기도로 말미암아 기억에 남고 영향을 미치게 되었습니다. 사도들의 기도는 설교만큼이나 부담이 크고 고되며 절박했습니다. 그들은 신자들을 믿음과 성결이라는 매우 고상한 영역으로 이끌기 위해 밤낮으로 강하게 기도했습니다. 사도들은 신자들이 이처럼 영적으로 높은 수준에 머무르도록 더욱 기도했습니다. 그리스도의 학교에서 회중을 위한 중보기도의 고상하고 신성한 기술을 배우지 못한 설교자는 설교의 기술을 결코 터득하지 못할 것입니다. 설령 그가 설교법이란 설교법은 죄다 적용하고, 자신의 천부적 재능을 이용해 설교를 준비하고 말씀을 전하더라도 말입니다.

사도를 닮은 거룩한 리더들의 기도는 사도가 아닌 사람들을 성자로 만드는 데 크게 기여합니다. 사도들이 그랬듯, 후세의 교회 리더들이 특별히 회중을 위해 뜨겁게 기도했더라면, 세속과 배교로 물든 슬픔과 암흑의 시대가 역사에 오점을 남기고 영광을 가리며 교회의 진보를 막는 비극은 없었을 것입니다. 사도다운 기도는 사도다운 성자를 만들고, 사도 시대의 순수와 능력이 교회에 존속하게 만듭니다.

사람들을 중재하려면 영이 얼마나 고결해야 하는지, 동기가 얼마나 순수하고 고상해야 하는지, 얼마나 이타적이어야 하는지, 얼마나 자기를 희생해야 하는지, 얼마나 뼈를 깎는 수고를 해야 하는지, 얼마나 영혼이 뜨거워야 하는지, 얼마나 성스러운 감각이 필요한지 모릅니다.

설교자는 회중이 구원받되 넉넉히 구원받도록 그들을 위해 몸 바쳐 기도해야 합니다. 사도들은 성도들이 조금도 흠이 없기를, 하나님의 것들에 애착을 느끼고 "하나님의 모든 충만하신 것으로 충만하게 되기를"(엡 3:19) 몸 바쳐 기도했습니다. 바울은 이를 이루기 위해 자신의 사도적 설교에 의존하지 않고, "우리 주 예수 그리스도의 아버지 앞에 무릎을 꿇고 빌었습니다"(엡 3:14~15). 바울이 회심시킨 사람들이 성자의 반열에 오르는 탄탄대로를 갈 수 있었던 것은 그의 설교보다는 기도에 힘입은 바가 큽니다. 에바브라는 설교보다 기도를 통해 골로새 교인들을 위해 더 많은 일을 했습니다. 그는 "그들이 하나님의 모든 뜻 가운데서 완전하고 확신 있게 서기를"(골 4:12) 늘 뜨겁게 기도했습니다.

설교자는 단연 하나님의 리더입니다. 교회의 흥망은 전적으로 설교자들의 책임입니다. 그들은 교회의 성격을 형성하고 교회 생활의 분위기를 조성하고 이끕니다.

이 리더들이 거의 모든 것을 좌우합니다. 그들은 시대와 제도를 만듭니다. 교회는 거룩합니다. 교회 안에 있는 보물은 신성하지만 거기에는 인간의 흔적이 배어 있습니다. 질그릇 안에 있는 보물에서는 질그릇의 향내가 납니다. 하나님의 교회는 리더들을 세우고 리더들은 교회를 세웁니다. 교회가 리더들을 세우든 리더들에 의해 교회가 세워지든, 교회의 성격은 리더들의 됨됨이에 의해 좌우됩니다. 리더들이 영적이거나 세속적이거나 혹은 이 둘이 혼재되어 있다면 교회 역시 그러할 것입니다. 이스라엘의 왕들은 이스라엘의 영성을 비추는 거울이었습니다. 교회가 교회 리더들의 신앙에 반기를 들거나 그들의 신앙 수준을 능가하는 경우는 드뭅니다. 영성이 강한 리더들, 거룩한 힘을 지닌 사람들이 선두에 선다는 것은 하나님이 총애하신다는 표시입니다. 리더들이 힘을 잃거나 세속에 빠지면 재앙이 뒤따르고 기반이 흔들립니다. 하나님이 자녀들을 주셔서 리더들의 군주가 되게 하고 젖먹이들이 리더들을 다스리게 하셨을 때 이스라엘은 타락했습니다. 자녀들이 하나님의 이스라엘을 억압하고 여자들이 예언자들을 지배하자 예언자들은 나라의 위기를 예언했습니다. 영적 리더십이 빛나는 시대는 교회가 영적으로 크게 부흥하는 시대입니다.

기도는 영성이 강한 리더십의 두드러진 특징 중 하나입니다. 기도를 강하게 하는 사람들은 힘이 생겨 상황을 좌우하게 됩니다. 그들은 하나님이 함께하시는 능력으로 어딜 가든 승리합니다.

골방에서 하나님이 주시는 따끈따끈한 메시지를 받지 않고서 어떻게 말씀을 전할 수 있겠습니까? 골방에서 하나님께 드리는 기도로 믿음이 활기를 띠고, 시야가 밝아지고, 마음이 따뜻해지지 않고서 어떻게 설교할 수 있겠습니까? 아아, 강단에서 말씀을 전하는 입술이 이 은밀한 불꽃의 세례를 받지 않다니! 그런 입술은 늘 메마르고 기름 부음을 받지 못할 것입니다. 거룩한 진리를 능력 있게 선포하지 못할 것입니다. 신앙의 진정한 관심을 염두에 둔다면 골방 체험이 없는 강단에서는 늘 황량한 바람이 불 것입니다.

설교자가 기도하지 않더라도 공식적으로 즐겁게 학문적으로 말씀을 전할지도 모릅니다. 하지만 이런 설교와 거룩한 손, 그리고 울면서 기도하는 마음으로 하나님의 소중한 씨앗을 뿌리는 것 사이에는 헤아릴 수 없는 간극이 있습니다.

기도하지 않는 목회자는 하나님의 온갖 진리와 하나님의 교회를 거래하는 사업가입니다. 그는 매우 값비싼 보석 상자와 아주 예쁜 꽃이 있을지 모르지만, 그것들은 멋진 장식에도 불구하고 장례식 분위기를 연출합니다. 기도하지 않는 그리스도인은 죽었다 깨어나도 하나님의 진리를 배우지 못할 것입니다. 기도하지 않는 목회자는 결코 하나님의 진리를 가르치지 못할 것입니다. 교회가 기도를 중단하면서 1,000년 동안 누려왔던 영광의 시대가 막을 내렸습니다. 교회가 기도를 중단하면서 우리 주님의 재림은 무기한 연기되었습니다. 기도를 중단한 교회가 죽은 예배를 드리는 사이에 지옥은 영토를 확장하고 그 소름끼치는 방들을 사람들로 채웠습니다.

최고이자 최상의 봉헌은 기도입니다. 20세기 설교자들이 기도의 교훈을 제대로 배우고 기도의 능력을 최대한 활용한다면 현 세기가 저물기 전에 두 번째 1,000년은 절정을 맞이할 것입니다. "쉬지 말고 기도하라"(살전 5:17)는 말씀은 20세기 설교자를 향한 트럼펫 소리입니다. 그들이 텍스트, 사상, 말씀, 설교를 자신들의 골방에서 얻게 된다면 다음 세기는 새 하늘과 새 땅을 보게 될 것입니다. 죄로 물들고 죄로 어두워진 옛 하늘과 옛 땅은 기도하는 목회의 능력에 압도되어 사라질 것입니다.

18

설교자를 위해 기도하라

Preachers Need the Prayers of the People

자신들의 목사에 대한 불만을 털어놓은 몇몇 그리스도인들이 사람들 앞에서 말을 줄이고 행동을 자제하며 목사를 위해 전력을 기울여 하나님께 울부짖었더라면 - 말하자면 목사를 위한 겸손하고 뜨겁고 끊임없는 기도로 천국을 뒤흔들었더라면 - 그들은 성공에 이르는 탄탄대로를 달렸을 것입니다.

-조너선 에드워즈

웬일인지 설교자를 위해 따로 기도하는 관행은 사라졌거나 딱히 필요성을 못 느끼는 듯합니다. 설교자를 위한 특별기도가 목회에 별 도움이 안 된다고 목회자들이 공식 언급하면서 그런 관행은 이따금 목회를 경시한다는 따가운 시선을 받고는 합니다. 설교자를 위한 특별기도는 학식과 자족이라는 자부심을 건드리는데, 어쩌면 건드리고 탓해야 할 대상은 기도가 아니라 목회자들의 지나친 무관심 속에서 명맥을 유지하는 학식과 자족

일지도 모릅니다.

설교자에게 기도란 직업상의 의무이자 특권인 동시에 필요한 일이기도 합니다. 폐에 공기가 필요하듯 설교자에게는 기도가 필요합니다. 설교자가 기도하고, 설교자를 위해 기도하는 것은 더없이 필요합니다. 이 두 명제는 결별이란 단어가 아주 생소하게 느껴질 만큼 단단히 결속되어야 합니다. 설교자가 기도하고, 설교자를 위해 기도하는 것은 마땅합니다. 목회라는 위대한 사역에서 두려운 책임을 감당하고, 진정으로 큰 성과를 거두려면 설교자는 물론이려니와 회중 또한 온 힘을 다해 기도해야 합니다. 참된 설교자는 영혼 수련과 자신을 위한 기도에 온 힘을 쏟을 뿐 아니라 또한 하나님의 백성들이 그를 위해 기도해주기를 간절히 바랍니다.

인간은 거룩해질수록 기도를 높이 평가합니다. 인간은 거룩해질수록 하나님이 기도하는 사람들에게 자신을 내어주신다는 것과 그가 얼마나 간절하면서도 끈질기게 기도하느냐에 따라 자신을 계시하는 정도가 달라짐을 보다 확실히 알게 됩니다. 기도하지 않으면 구원은 그림의 떡입니다. 성령은 기도하지 않는 영혼 안에 절대 거하시지 않습니다. 설교는 기도하지 않는 영혼을 결코 고양시키지 못합니다. 그리스도는 기도하지 않는 그리스도인을 외면하십니다. 기도하지 않는 설교자는 복음을 선보일 수 없습니다. 은사, 재능, 교육, 달변, 하나님의 부르심은 기도의 요구를 줄이기보다 오히려 설교자가 기도하고 설교자를 위해 기도할 필요를 강화합니다. 설교자가 사역의 본질과 책임, 어려움에 눈을 뜰수록 더 많은 것이 보일 것입니다. 그리고 그가 참된 설교자라면 기도의 필요성을 더 많이 느낄 것입니다. 스스로 기도할 뿐 아니라 자신을 위해 기도해달라는 요청도 사람들에게 더 많이 할 것입니다.

바울은 이의 본보기입니다. 개인의 능력, 두뇌의 힘, 문화, 개인이 받은 은혜, 하나님이 맡기신 사도직, 하나님의 특별한 부르심으로 복음을 선보일 수 있는 사람이 있다면 그는 단연코 바울입니다. 기도에 미친 설교자로서는 바울만 한 사람이 없습니다. 사도의 본분에 충실한 설교자가 자신의 사역이 최대한 열매 맺도록 선한 사람들의 기도를 필히 요청하는 사람이 있다면 그는 단연코 바울입니다. 바울은 하나님이 택하신 모든 성도들의 도움을 간절히 요청하고 바라며 탄원합니다. 그는 다른 영역은 물론 영적인 영역에서도 뭉치면 힘이 생긴다는 것을, 믿음과 열망, 기도를 결집시키면 영적 힘이 커져 압도하고 저항할 수 없게 만든다는 것을 알았습니다. 기도의 편린들이 물방울처럼 모이면 거스를 수 없는 바다가 됩니다. 따라서 영적 활력에 대해 훤히 꿰뚫고 있던 바울은 곳곳에 흩어져 있는 기도의 편린들을 모으고, 이 편린들을 자신의 목회에 투입하여 목회가 대양처럼 인상적이고 영원하고 거스를 수 없는 것으로 만들겠다고 다짐했습니다. 바울이 크게 수고하고 열매 맺으며 교회와 세상에 지울 수 없는 인상을 남길 수 있었던 비결은 기도를 자기 자신과 자신의 사역에 집중했다는 사실에서 찾을 수 있지 않을까요? 그는 로마 교인들에게 이렇게 편지했습니다. "형제들아 내가 우리 주 예수 그리스도와 성령의 사랑으로 말미암아 너희를 권하노니, 너희 기도에 나와 힘을 같이하여 나를 위하여 하나님께 빌어"(롬 15:30). 에베소 교인들에게는 이렇게 말합니다. "모든 기도와 간구를 하되 항상 성령 안에서 기도하고 이를 위하여 깨어 구하기를 항상 힘쓰며 여러 성도를 위하여 구하라. 또 나를 위하여 구할 것은 내게 말씀을 주사 나로 입을 열어 복음의 비밀을 담대히 알리게 하옵소서 할 것이니"(엡 6:18). 골로새 교인들에게는 이렇게 강조합니다. "또한 우리를 위하여 기도하되 하나님이 전도할 문을 우리에게 열어 주사 그리스도의 비밀을 말하게 하시기를 구하라. 내가 이 일 때문에 매임을 당했노라. 그리하면 내가 마땅히 할 말로써 이 비밀을 나타내리라"(골 4:3~4). 데살로니가 교인들에게는 이렇게 준엄히 말합니다. "형제들아, 너희는 우리를 위하여 기도하라"(살후 3:1). 고린도 교인들에게는 이렇게 도움을 청합니다. "너희도 우리를 위하여 간구함으로 도우라"(고후 1:11). 이는 고린도 교회 사역의 일환이 될 터였습니다. 그들은 기도로 돕는 수고를 계속해야 할 터였습니다. 바울은 데살로니가 교회의 기도가 중요하고 필요함을 환기하면서 이렇게 마지막 당부를 합니다. "끝으로, 형제들아, 너희는 우리를 위하여 기도하기를 주의 말씀이 너희 가운데서와 같이 퍼져 나가 영광스럽게 되고, 또한 우리를 부당하고 악한 사람들에게서 건지시옵소서 하라"(살후 3:1~2). 바울은 자신이 당한 온갖 시련과 박해가 빌립보 교인들의 힘 있는 기도로 말미암아 복음을 널리 전하는 데 기여할 수 있음을 그들에게 각인시킵니다. 빌레몬은 바울이 머물 숙소를 마련할 것입니다. 빌레몬의 기도로 바울이 그의 손님이 될 것이기 때문입니다.

이 문제에 대한 바울의 태도는 복음을 투사하는 영적 힘에 대한 그의 겸손과 깊은 통찰을 잘 보여줍니다. 이보다 더 중요한 것은, 그의 자세가 시대를 초월하는 교훈을 준다는 사실입니다. 그것은 바울이 자신의 목회가 열매 맺도록 성도들의 기도에 필사적으로 매달렸다면 오늘날 하나님의 성도들은 목회를 위해 그 어느 때보다 더 집중적으로 기도해야 한다는 점입니다!

바울은 자신의 간절한 기도 요청으로 체면이 구겨지거나 영향력이 줄거나 영성이 퇴색된다고 생각하지 않았습니다. 그렇다 한들 어떻습니까? 체면이 깎이고 영향력이 줄고 명성에 흠집

이 나도 상관없습니다. 성도들이 그를 위해 기도해준다면 말입니다. 바울은 중요한 임무를 수행하도록 부름 받은 사도들의 으뜸이었지만 성도들의 기도가 없다면 능력 발휘는 어려웠을 것입니다. 그는 자신을 위해 기도해달라는 권면의 편지를 곳곳에 보냈습니다. 여러분은 설교자를 위해 기도합니까? 그를 위해 은밀히 기도합니까? 공적 기도는 개인기도에 기초하거나 개인기도가 전제되지 않으면 별 의미가 없습니다. 설교자를 위해 기도하려면 아론과 훌이 모세에게 한 것처럼 해야 합니다. 두 사람은 모세의 팔을 붙들고, 주변에서 진행되는 절체절명의 위기 속에서 결단을 내립니다.

사도들의 간청과 목표는 교회가 기도하는 계기가 되었습니다. 그들은 은혜로 즐겁게 베푸는 것을 소중히 여겼습니다. 또한, 신앙 활동과 사역이 어느 곳에서 영적 삶을 지배하는지 알고 있었습니다. 하지만 사도들이 생각하기에 혹은 긴급성을 고려할 때, 이것들 중 어느 하나 혹은 전부도 필요성과 중요성에 있어 기도에 필적할 수 없었습니다. 기도란 지극히 중요한 의무이자 필요임을 강조하기 위해 매우 거룩하고 시급한 탄원을 했고, 온 힘을 다해 권고했으며, 매우 포괄적이며 가슴이 뜨끔해지는 말들을 쏟아냈습니다.

"성도들이 어디 있든 기도하게 하라." 이는 사도들이 져야할

짐이자 그들이 생각하는 성공의 기조입니다. 예수 그리스도는 사역을 하면서 믿는 사람들이 늘 기도하도록 애쓰셨습니다. 추수할 때가 되었지만 일꾼이 없어 그저 바라만 봐야 하는 현실에 가슴 아파한 예수는 잠시 기도를 멈추십니다. 그리고 제자들을 책망하고 그들의 무딘 감각을 일깨워 기도의 당위성을 인식시키십니다. "그러므로 추수하는 주인에게 청하여 추수할 일꾼들을 보내 주소서 하라"(마 9:37~38). "예수께서 그들에게 항상 기도하고 낙심하지 말아야 할 것을 비유로 말씀하여"(눅 18:1).

19

기도가 큰 열매를 맺도록 숙고하라

Deliberation Necessary to Largest Results from Prayer

이처럼 일과 교제로 늘 허둥지둥하다 보면 육체가 아닌 영혼이 망가집니다. 홀로 있는 시간을 더 많이 갖고 더 일찍 일어나야겠습니다! 저는 개인 경건과 거룩한 묵상, 성경 읽기 등과 같은 신앙 훈련에 습관적으로 너무 적은 시간을 내는 것은 아닌지 의심스럽습니다. 제가 침체되고 냉정해 지고 완악해지는 것은 당연합니다. 날마다 한 시간 반 내지 두 시간을 따로 내야겠습니다. 그동 안 너무 밤늦게까지 자지 않고 있다 보니 아침에 나만을 위한 시간은 허겁지겁 마련한 삼십 분 이 고작입니다. 개인경건의 시간을 적절히 갖지 않으면 영혼이 궁핍해진다는 주장은 모든 경건 한 사람들의 체험이 분명히 입증합니다. 기도, 특히 막강한 기도가 모든 것을 가능하게 한다고 저는 자신 있게 말할 수 있습니다. 그리고 제가 그렇게 말하지 못할 이유는 없겠지요? 기도가 막 강한 것은 오직 사랑과 진리의 하나님이 은혜로 안수해주시기 때문입니다. 그러니 기도하고 기도하십시오. 또 기도하십시오.

-윌리엄 윌버포스

헌신은 시계로 측정하지 않지만 시간은 헌신에 필수적입니 다. 기다리고 머무르며 간구하는 능력은 근본적으로 하나님과 의 사귐과 관계가 있습니다. 서두름은 어딜 가나 꼴사납고 해롭 습니다. 하나님과의 사귐이라는 중요한 일에서도 그 심각성은 예외가 아닙니다. 부족한 헌신은 깊은 경건의 독입니다. 고요와 억제, 힘은 결코 서두름과 동행하지 않습니다. 부족한 헌신은 영적 활력을 고갈시키고, 영적 진보를 막고, 영적 토대를 약화시키고, 영적 삶의 뿌리와 꽃을 엉망으로 만듭니다. 부족한 헌신은 원래의 악습관으로 되돌아가게 하는 주범이며, 경건의 얄팍함을 밝히 드러내는 표시입니다. 그런 헌신은 씨앗을 속이고 엉망으로 만들고 썩게 하며 토양의 질을 떨어뜨립니다.

성경에 활자화된 기도들은 짧지만 그 기도의 주인공들은 실로 오랜 시간 하나님과 경건하면서도 멋진 씨름을 했습니다. 그들은 몇 마디로 승리를 얻었지만 그러기까지 오랜 기다림이 있었습니다. 모세의 기도에 관한 기록은 짧지만 그는 40일을 밤낮으로 금식하고 울부짖으면서 하나님께 기도했습니다.

엘리야의 기도는 짧은 몇 단락으로 압축할 수 있습니다. 하지만 그는 분명 "간절히 기도하는 가운데" 하나님과 격하게 씨름하고 고귀한 사귐을 가진 후 아합 왕에게, "내 말이 없으면 수 년 동안 비도 이슬도 있지 아니하리라"(왕상 17:1)라고 매우 담대히 말했습니다. 바울의 기도는 분량이 짧지만 그는 "주야로 심히 간구"(살전 3:10)했습니다. 주기도문은 기도가 낯선 입술들을 위한 거룩한 전형이지만, 인간 예수 그리스도는 자신의 사역을 완수하고자 많은 날을 밤 새워 기도하셨습니다. 그분의 밤샘 기도와 오래 지속된 헌신으로 사역은 아름답게 마무리되었고, 성품은 거룩한 충만함과 영광으로 빛났습니다.

영적 일은 버거워 사람들이 하기를 꺼려합니다. 기도, 참된 기도를 하려면 신경도 적잖게 쓰고 시간도 많이 내야 합니다. 피와 살을 가진 인간으로서는 탐탁지 않은 일입니다. 수박 겉핥기식으로 해도 통하는 마당에 굳이 과다하게 지출할 만큼 배짱이 있는 사람은 별로 없습니다. 적은 기도에 익숙해지면 어느새 그런 기도가 괜찮아 보입니다. 적어도 체면은 지키거나 양심을 잠재울 수 있습니다. 하지만 이는 아편처럼 매우 치명적입니다. 기도를 하찮게 여기면 기초가 무너진 후에야 비로소 위험을 직감합니다. 허둥지둥하는 헌신은 믿음을 약화시키고 확신을 떨어뜨리며 경건을 의심케 합니다. 하나님과 함께하는 시간이 적다는 것은 하나님께 별로 마음이 없다는 뜻입니다. 기도 시간을 줄이면 신앙적 성품이 전반적으로 무뚝뚝해지고 빈약해지고 인색해지고 지저분해집니다.

하나님이 영혼 속으로 온전히 흘러들어가시려면 시간이 꽤 걸립니다. 부족한 헌신은 도관을 차단하여 하나님이 온전히 흘러들어가시지 못하게 합니다. 하나님의 완전한 계시를 받으려면 은밀한 곳에서 시간을 보내야 합니다. 시간을 찔끔 쏟고 허둥지둥하면 그림을 망칩니다.

헨리 마틴은 이렇게 한탄합니다. "줄곧 설교에 매달리느라 개인적으로 하는 영적 독서와 기도를 소홀히 했습니다. 그러다 보니 하나님과의 사이가 영적으로 매우 서먹해졌습니다." 그는 공적으로 하는 목회에는 올인을 하지만 하나님과의 사적 만남에는 시간을 너무 적게 쏟는다는 자책감이 들었습니다. 따로 시간을 내어 금식하고 진지하게 기도하면서 마음이 한결 가벼워졌습니다. 마틴은 이런 고백을 남깁니다. "성령의 도우심으로 오늘 아침에는 두 시간을 기도했습니다." 왕들과 허물 없이 지내는 윌리엄 윌버포스는 이렇게 토로합니다. "개인 경건의 시간을 늘려야겠습니다. 그동안 너무 공적 일에 치여 살아왔습니다. 개인 경건을 소홀히 하니 영혼이 굶주리더군요. 점점 침체되고 무기력해집니다. 그동안 너무 늦게까지 자지 않고 깨어 있었습니다." 의회에서의 실패에 대해 그는 이렇게 말합니다. "어쩌면 제 고민과 수치는 개인 경건의 시간을 줄였기 때문일지도 모르겠습니다. 하나님이 저를 넘어지게 하시는 것도 당연합니다." 홀로 있는 시간을 늘리고 더 일찍 일어나면서 그는 치유되었습니다.

일찍 일어나 기도에 더 많은 시간을 쏟으면 영적 침체에 빠진 많은 영혼들이 기적처럼 소생하고 활기를 되찾을 것입니다. 일찍 일어나 기도에 더 많은 시간을 쏟으면 거룩한 삶으로 그 진가가 드러날 것입니다. 개인 경건을 짧은 시간에 후다닥 해치우지 않는다면 거룩한 삶은 꿈이 아니라 현실이 될 것입니다. 골방에서 오랜 시간을 보내면 담담하고 아름다운 향기를 풍기는 그리스도와 같은 성품은 친숙하면서도 희망적인 유산이 될 것입니다. 기도에 인색하면 삶이 초라해집니다. 골방에서 살다시피 하면 영육이 강건해집니다. 골방에서 하나님과 함께할 수 있다면 골방 밖에서도 하나님과 함께하지 못할 이유가 없습니다. 골방에 허둥지둥 들어가는 것은 눈속임이자 직무태만입니다. 골방에 허겁지겁 들어가면 여러 면에서 현혹되어 패할 뿐 아니라 여러 풍부한 유산도 빼앗깁니다. 골방에 머무르면 가르침을 얻고 승리하게 됩니다. 골방에 머무는 것을 통해 배우고, 가장 위대한 승리는 왕왕 진득하게 기다리는(말과 계획이 수포로 돌아가고 고요와 인내로 면류관을 얻기까지 기다리는) 것의 소산입니다. 예수 그리스도는 모욕적으로 들릴 수도 있는 질문을 던지십니다. "하나님께서 그 밤낮 부르짖는 택하신 자들의 원한을 풀어 주지 아니하시겠느냐"(눅 18:7).

기도는 인간이 할 수 있는 가장 위대한 일입니다. 기도를 잘하려면 고요와 시간, 숙고가 전제되어야 합니다. 그렇지 않으면 기도는 하찮고 천박하기 그지없는 것으로 전락합니다. 진실한 기도는 영원토록 탐스러운 열매를 맺지만, 빈약한 기도는 초라한 열매를 맺습니다. 진짜 기도는 아무리 많이 해도 지나치지 않지만, 엉터리 기도는 조금만 해도 지나칩니다. 기도의 가치를 새롭게 인식하고 기도의 학교에 새로 입학해야 합니다. 기도는 배우는 데 시간이 꽤 걸립니다. 교회 아이들이 부르는 〈예수님과 잠깐 얘기하기(A little talk with Jesus)〉라는 노래처럼, 여기저기서 자투리 시간을 그러모아 놀라운 기술을 배우겠다는 것은 어불성설입니다. 하나님께 기도하려면 어떻게든 하루 중 가장 좋은 시간을 확보해야 합니다. 그렇지 않으면 기도는 이름값을 못할 것입니다.

하지만 이 시대는 기도하는 분위기가 아닙니다. 기도하는 사람은 손으로 꼽을 정도입니다. 설교자와 목사가 기도에 먹칠을 합니다. 요즘처럼 허둥지둥하고 미친 듯이 돌아가는, 전기와 증기의 시대에 사람들은 기도하는 시간을 아깝게 여깁니다. 정기 행사나 국가 행사에서 프로그램의 일환으로 '기도를 말하는' 설교자들이 있습니다. 하지만 누가 "스스로 분발하여 주를 붙잡습니까?"(사 64:7) 누가 탁월하면서도 기품 높은 중보기도자라는 명예를 얻은 야곱처럼 기도합니까? 누가 자연의 온갖 힘들이 정지되었다가 제자리로 돌아오고 기근이 휩쓸고 간 땅이 하나님의 동산으로 탈바꿈할 때까지 기도한 엘리아처럼 기도합니까? 누가 산으로 올라가 "밤이 새도록 하나님께 기도"(눅 6:12)하신 예수님처럼 기도합니까? 사도들은 "기도하는 일에 힘썼습니다."(행 6:4) 평신도는 물론 설교자들조차도 도저히 이렇게 못합니다. 평신도들이 돈을 바칩니다. 더러는 통 크게 바칩니다. 하지만 그들은 기도하는 일에 '자신을 바치지' 않습니다. 기도하지 않고 바치는 돈은 저주일 뿐입니다. 교회 부흥과 하나님 나라의 확장을 위해 뛰어난 언변으로 말씀을 전하는 설교자들은 많습니다. 하지만 기도가 없는 온갖 설교와 계획 세우기는 덧없기만한 것이 아니라 더 나쁘다고 인식하는 설교자는 적습니다. 기도는 시대에 뒤진, 기억에서 거의 사라진 예술이 되었습니다. 하지만 설교자들과 교회가 기도를 회복할 수 있다면 이는 이 세대에 주어지는 가장 큰 은총이라 할 것입니다.

20

설교자가 먼저 기도하라

A Praying Pulpit Begets a Praying Pew

제 기도가 악마 자체보다 더 나쁘다는 생각이 듭니다. 그렇지 않다면 루터는 이 지경이 되기 오래 전에 다르게 행동했을 것입니다. 하지만 인간은 하나님이 제 대신 일으키시는 놀라운 이적과 기적을 보면서도 인정하지 않을 것입니다. 단 하루라도 기도를 소홀히 한다면 제 믿음은 바람 빠진 풍선처럼 될 것입니다.

-마르틴 루터

오순절 성령 강림 전의 사도들은 기도가 정말 중요하다는 것을 어렴풋이만 알고 있었습니다. 하지만 성령이 강림하여 모인 곳에 가득하면서 기도는 그리스도의 복음에서 더없이 중요하고 모든 것을 좌우하는 위치에 올랐습니다. 이제 모든 성도들을 향한 기도의 외침은 성령의 가장 크고 급박한 외침이 되었습니다. 기도는 성도들의 경건을 만들고 세련되게 하고 완성합니다. 성도들이 아침 일찍부터 밤 늦게까지 오래 기도하지 않으면 복음 전파는 더디고 뜨뜻미지근하게 이루어집니다.

오늘날의 성도들에게 기도하는 법을 가르쳐 기도하게 만드는, 그리스도를 닮은 리더들은 어디 있을까요? 우리는 지금 기도하지 않는 일단의 성도들을 양육하고 있음을 알고 있을까요? 하나님의 백성들로 하여금 기도하게 만드는, 사도를 닮은 리더들은 어디 있을까요? 그들을 전면에 내세워 사역하게 합시다. 그러면 그들은 가장 위대한 사역을 하게 될 것입니다. 교육 시설을 늘리고 더 많은 자금을 확보하더라도 이런 외적 성장이 지금보다 더 많고 더 나은 기도로 거룩해지지 않는다면 정말 끔찍한 저주가 될 것입니다. 더 많은 기도는 저절로 되는 것이 아닙니다. 20세기 혹은 30세기를 위한 모금 운동은 조심하지 않으면 기도에 도움이 되기보다 방해가 될 것입니다. 기도하는 리더들이 보여주는 구체적 노력만이 가치가 있을 것입니다. 핵심 리더들은 사도적인 노력으로 기도의 결정적 중요성과 실재가 교회의 심장과 삶 속에 뿌리내리도록 앞장서야 합니다. 기도하는 리더만이 기도하는 추종자들을 거느릴 수 있습니다. 기도하는 사도들이 기도하는 성도들을 낳습니다. 기도하는 강단이 기도하는 신자를 낳을 것입니다. 성도들로 하여금 이 기도 사역에 몰두하게 만드는 누군가가 절실히 필요합니다. 오늘날 성도들은 기도와 담을 쌓았습니다. 기도하지 않는 성도들은 성도의 열정도 아름다움도 능력도 없는 불쌍한 무리일 뿐입니다. 누가 이 현실을 타개할 수 있을까요? 교회로 하여금 기도에 전념하게 하는 사람이라면 가장 위대한 개혁가이자 사도라 할 것입니다.

우리의 판단이 아주 타당하다면, 이 세대와 오는 세대에서 교회에 절실히 필요한 것은 그들의 기도, 믿음, 삶 및 목회가 너무 급진적이고 도전적이어서 개인과 교회의 삶에서 한 획을 그을 영적 혁명을 일으킬 정도로 믿음이 당당하고, 거룩하기 이를 데 없고, 영적 활기가 넘치고 열정이 뜨거운 사람들일 것입니다.

우리가 찾는 사람은 기발한 생각으로 세상을 깜짝 놀라게 하거나 짜릿한 오락으로 흥미를 끄는 사람이 아닙니다. 소동을 일으키고 성령의 능력으로 하나님의 말씀을 전파함으로써 혁명, 즉 기존 체제를 확 뒤집는 혁명을 일으킬 수 있는 사람입니다.

이 점에서, 타고난 능력이나 좋은 학벌이라는 요소들은 두각을 나타내지 못합니다. 하지만 믿음을 수용하는 능력, 기도할 수 있는 힘, 완전한 성화의 능력, 자기비하의 능력, 하나님의 영광을 위해 자아를 철저히 죽이는 것, 그리고 하나님의 모든 충만함에 대한 줄기찬 열망과 추구는 그 역할을 톡톡히 해냅니다. 소란스럽고 현란한 방식이 아닌, 하나님을 위해 모든 것을 녹이고 움직이는 강렬하면서도 고요한 열기로 교회에 불을 놓아 하나님을 열망하게 할 수 있는 사람들이 필요합니다.

하나님이 적임자를 찾으시면 기적이 일어납니다. 하나님의 인도하심에 자신을 내맡기면 기적이 일어납니다. 세상을 뒤집은 영을 충만하게 받으면 지금과 같은 말세에 아주 요긴하게 쓰일 것입니다. 하나님을 위해 크게 소동을 일으킬 수 있고, 자신들의 영적 혁명으로 모든 영역을 변화시키는 사람들을 교회는 늘 찾고 있습니다.

교회에는 언제나 이런 사람들이 있었습니다. 그들은 교회사에 한 획을 긋습니다. 그들은 교회의 거룩함을 지속시키는 기적입니다. 그들의 본보기와 역사는 확실한 영감이자 축복입니다. 그런 사람들이 많아지고 능력이 계속 발휘되도록 기도해야겠습니다.

그동안 영적 문제에서 행해진 일들은 다시, 더 좋게 이루어질 수 있습니다. 그리스도는 그렇게 보셨습니다. 그분은 말씀하십니다. "내가 진실로 진실로 너희에게 이르노니, 나를 믿는 자는 내가 하는 일을 그도 할 것이요 또한 그보다 큰 일도 하리니 이는 내가 아버지께로 감이라"(요 14:12). 지난 일 때문에 하나님을 위해 위대한 일들을 할 수 있는 가능성과 필요성이 소멸된 것은 아닙니다. 교회가 능력과 은혜의 기적을 체험하기 위해 자신의 지난 역사를 기웃거린다면 망할 징조입니다.

하나님은 택함 받은 사람을 찾으십니다. 십자가에 단단히 못 박히고, 자아와 세상을 깡그리 파괴하여 회복에 대한 희망도 갈망도 없게 만든 파산으로 자아와 세상이 죽은 사람, 이러한 파산과 십자가에 못 박힘으로 말미암아 마음의 회복을 위해 하나님께로 돌아선 사람 말입니다.

기도에 대한 하나님의 약속이 기대보다 더 크게 실현되도록 뜨겁게 기도합시다.

Power Through Prayer

Edward McKendree Bounds

1. Men of Prayer Needed

Study universal holiness of life. Your whole usefulness depends on this, for
your sermons last but an hour or two; your life preaches all the week.
If Satan can only make a covetous minister a lover of praise, of pleasure,
of good eating, he has ruined your ministry. Give yourself to prayer,
and get your texts, your thoughts, your words from God.
Luther spent his best three hours in prayer.

— *Robert Murray McCheyne*

We are constantly on a stretch, if not on a strain, to devise new
methods, mew plans, new organizations to advance the Church
and secure enlargement and efficiency for the gospel. This trend of
the day has a tendency to lose sight of the man or sink the man in
the plan or organization. God's plan is to make much of the man,
far more of him than of anything else. Men are God's method.
The Church is looking for better methods; God is looking for
better men. "There was a man sent from God whose name was
John." The dispensation that heralded and prepared the way for
Christ was bound up in that man John. "Unto us a child is born,
unto us a son is given." The world's salvation comes out of that
cradled Son. When Paul appeals to the personal character of the
men who rooted the gospel in the world, he solves the mystery of
their success. The glory and efficiency of the gospel is staked on
the men who proclaim it. When God declares that "the eyes of the
Lord run to and fro throughout the whole earth, to show himself
strong in the behalf of them whose heart is perfect toward him,"
he declares the necessity of men and his dependence on them as
a channel through which to exert his power upon the world. This

vital, urgent truth is one that this age of machinery is apt to forget. The forgetting of it is as baneful on the work of God as would be the striking of the sun from his sphere. Darkness, confusion, and death would ensue.

What the Church needs to-day is not more machinery or better, not new organizations or more and novel methods, but men whom the Holy Ghost can use-men of prayer, men mighty in prayer. The Holy Ghost does not flow through methods, but through men. He does not come on machinery, but on men. He does not anoint plans, but men-men of prayer.

An eminent historian has said that the accidents of personal character have more to do with the revolutions of nations than either philosophic historians or democratic politicians will allow. This truth has its application in full to the gospel of Christ, the character and conduct of the followers of Christ-Christianize the world, transfigure nations and individuals. Of the preachers of the gospel it is eminently true.

The character as well as the fortunes of the gospel is committed to the preacher. He makes or mars the message from God to man. The preacher is the golden pipe through which the divine oil flows. The pipe must not only be golden, but open and flawless, that the oil may have a full, unhindered, unwasted flow.

The man makes the preacher. God must make the man. The messenger is, if possible, more than the message. The preacher is more than the sermon. The preacher makes the sermon. As the life-giving milk from the mother's bosom is but the mother's life, so all the preacher says in tinctured, impregnated by what the preacher is. The treasure is in earthen vessels, and the taste of the

vessel impregnates and may discolor. The man, the whole man, lies behind the sermon. Preaching is not the performance of an hour. It is the outflow of a life. It takes twenty tears to make a sermon, because it takes twenty tears to make the man. The true sermon is a thing of life. The sermon grows because the man grows. The sermon is forceful because the man is forceful. The sermon is holy because the man is holy. The sermon is full of the divine unction because the man is full of the divine unction.

Paul termed it "My gospel;" not that he had degraded it by his personal eccentricities or diverted it by selfish appropriation, but the gospel was put into the heart and lifeblood of the man Paul, as a personal trust to be executed by his Pauline traits, to be set aflame and empowered by the fiery energy of his fiery soul. Paul's sermons-what were they? Where are they? Skeletons, scattered fragments, afloat on the sea of inspiration! But the man Paul, greater than his sermons, lives forever, in full form, feature and stature, with his molding hand on the Church. The preaching is but a voice. The voice in silence dies, the text is forgotten, the sermon fades from memory; the preacher lives.

The sermon cannot rise in its life-giving forces above the man. Dead men give out dead sermons, and dead sermons kill. Everything depends on the spiritual character of the preacher. Under the Jewish dispensation the high priest had inscribed in jeweled litters on a golden frontlet: "Holiness toe the Lord." So every preacher in Christ's ministry must be molded into and mastered by this same holy motto. It is a crying shame for the Christian ministry to fall lower in holiness of character and holiness of aim than the Jewish priesthood. Jonathan Edwards said: "I

went on with my eager pursuit after more holiness and conformity to Christ. The heaven I desired was a heaven of holiness." The gospel of Christ does not move by popular waves. It has no self-propagating power. It moves as the men who have charge of it move. The preacher must impersonate the gospel. Its divine, most distinctive features must be embodied in him. The constraining power of love must be in the preacher as a projecting, eccentric, an all-commanding, self-oblivious force. The energy of self-denial must be his being, his being, his heart and blood and bones. He must go forth as a man among men, clothed with humility abiding in meekness, wise as a serpent, harmless as a dove; the bonds of a servant with the spirit of a king, a king in high, royal, in dependent bearing, with the simplicity and sweetness of a child. The preacher must throw himself, with all the abandon of a perfect, self-emptying faith and a self-consuming zeal, into his work for the salvation of men. Hearty, heroic, compassionate, fearless martyrs must the men be who take hold of and shape a generation for God. If they be timid time servers, place seekers, if they be men pleasers or men fearers, if their faith has a weak hold on God or his Word, if their denial be broken by any phase of self or the world, they cannot take hold of the Church nor the world for God.

The preacher's sharpest and strongest preaching should be to himself. His most difficult, delicate, laborious, and thorough work must be with himself. The training of the twelve was the great, difficult, and enduring work of Christ. Preachers are not sermon makers, but men makers and saint makers, and he only is well-trained for this business who has made himself a man and a saint. It is not great talents nor great learning nor great preachers that God

needs, but men great in holiness, great in faith, great in love, great in fidelity, great for God-men always preaching by holy sermons in the pulpit, by holy lives out of it. These can mold a generation for God.

After this order, the early Christians were formed. Men they were of solid mold, preachers after the heavenly type-heroic, stalwart, soldierly, saintly. Preaching with them meant self-denying, self-crucifying, serious, toilsome, martyr business. They applied themselves to it in a way that told on their generation, and formed in its womb a generation yet unborn for God. The preaching man is to be the praying man. Prayer is the preacher's mightiest weapon. An almighty force in itself, it gives life and force to all.

The real sermon is made in the closet. The man-God's man-is made in the closet. His life and his profoundest convictions were born in his secret communion with God. The burdened and tearful agony of his spirit, his weightiest and sweetest messages were got when alone with God. Prayer makes the man; prayer makes the preacher; prayer makes the pastor.

The pulpit of this day is weak in praying. The pride of learning is against the dependent humility of prayer. Prayer is with the pulpit too often only official-a performance for the routine of service. Prayer is not to the modern pulpit the mighty force it was in Paul's life of paul's ministry. Every preacher who does not make prayer a mighty factor in his own life and ministry is weak as a factor in God's work and is powerless to project God's cause in this world.

2. Our Sufficiency Is of God

But above all he excelled in prayer. The inwardness and wight of his spirit,
the reverence and solemnity of his address and behavior, and the fewness and
fullness of his words have often struck even strangers with admiration as they
used to reach others with consolation. The most awful, living, reverend frame
I ever felt or beheld, I must say, was his prayer. And truly it was a testimony.
He knew and lived nearer to the Lord than other men, for they that know
him most will see most reason
to approach him with reverence and fear.

— *William Penn of George Fox*

The sweetest graces by a slight perversion may bear the bitterest
fruit. The sun gives life, but sunstrokes are death. Preaching is to
give life; it may kill. The preacher holds the keys; he may lock as
well as unlock. Preaching is God's great institution for the planting
and maturing of spiritual life. When properly executed, its benefits
are untold; when wrongly executed, no evil can exceed its damaging
results. it is an easy matter to destroy the flock if the shepherd be
unwary or the pasture be destroyed, easy to capture the citadel
if the watchmen be asleep or the food and water be poisoned.
Invested with such gracious prerogatives, exposed to so great evils,
involving so many grave responsibilities, it would be a parody
on the shrewdness of the devil and a libel on his character and
reputation if he did not bring his master influences to adulterate
the preacher and the preaching. In face of all this, the exclamatory
interrogatory of Paul, "Who is sufficient for these things?" is never
out of order.

Paul says: "Our sufficiency is of God, who also hath made us able ministers of the new testament; not of the letter, but of the spirit: for the letter killeth, but the spirit giveth life." The true ministry is God-touched, God-enabled, and God-made. The Spirit of God is on the preacher in anointing power, the fruit of the Spirit is in his heart, the Spirit of God has vitalized the man and the word; his preaching gives life, gives life as the spring gives life; gives life as the resurrection gives fruitful life as the autumn gives fruitful life. The life-giving preacher is a man of God, whose heart is ever athirst for God, whose soul is ever following hard after God, whose eye is single to God, and in whom by the power of God's Spirit the flesh and the world have been crucified and his ministry is like the generous flood of a life-giving river.

The preaching that kills in non-spiritual preaching. The ability of the preaching is not from God. Lower sources than God have given to it energy and stimulant. The Spirit is not evident in the preacher nor his preaching. Many kinds of forces may be projected and stimulated by preaching that kills, but they are not spiritual forces. They may resemble spiritual forces, but are only the shadow, the counterfeit; life they may seem to have, but the life is magnetized. The preaching that kills is the letter; shapely and orderly it may be, but it is the letter still, the dry, husky letter, the empty, bald shell. The letter may have the germ of life in it, but it has no breath of spring to evoke it; winter seeds they are, as hard as the winter's soil, as icy as the winter's air, no thawing nor germinating by them. This letter-preaching has the truth. But even divine truth has no life-giving energy alone; it must be energized by the Spirit, with all God's forces at its back. Truth unquickened

by God's Spirit deadens as much as, or more than, error. It may be the truth without admixture; but without the Spirit its shade and touch are deadly, its truth error, its light darkness. The letter-preaching is unctionless, neither mellowed nor oiled by the Spirit. There may be tears, but tears cannot run God's machinery; tears may be but summer's breath on a snow-covered iceberg, nothing but surface slush. Feelings and earnestness there may be, but it is the emotion of the actor and the earnestness of the attorney. The preacher may feel from the kindling of his own sparks, be eloquent over his own exegesis, earnest in delivering the product of his own brain; the professor may usurp the place and imitate the fire of the apostle; brains and nerves may serve the place and feign the work of God's Spirit, and by these forces the letter may glow and sparkle like and illumined text, but the glow and sparkle will be as barren of life as the field sown with pearls. The death-dealing element lies back of the words, back of the sermon, back of the occasion, back of the manner, back of the action. The great hindrance is in the preacher himself. He has not in himself the mighty life-creating forces. There may be no discount on his orthodoxy, honesty, cleanness, or earnestness; but somehow the man, the inner man, in its secret places has never broken down and surrendered to God, his inner life is not a great highway for the transmission of God's message, God's power. Somehow self and not God rules in the holy of holiest. Somewhere, all unconscious to himself, some spiritual nonconductor has touched his inner being, and the divine current has been arrested. His inner being has never felt its thorough spiritual bankruptcy, its utter powerlessness; he has never learned to cry out with an ineffable cry of self-despair and self-helplessness till

God's power and God's fire comes in and fills, purifies, empowers. Self-esteem, self-ability in some pernicious shape has defamed and violated the temple which should be held sacred for God. Life-giving preaching costs the preacher much—death to self, crucifixion to the world, the travail of his own soul. Crucified preaching only can give life. Crucified preaching can come only from a crucified man.

3. The Letter Killeth

During this affliction I was brought to examine my life in relation to eternity closer than I had done when in the enjoyment of health. In this examination relative to the discharge of my duties toward my fellow creatures as a man, a Christian minister, and an officer of the Church, I stood approved by my own conscience; but in relation to my Redeemer and Saviour the result was different. My returns of gratitude and loving obedience bear no proportion to my obligations for redeeming, preserving, and supporting me through the vicissitudes of life from infancy to old age. The coldness of my love to Him who first loved me and has done so much for me overwhelmed and confused me; and to complete my unworthy character, I had not only neglected to improve the grace given to the extent of my duty and privilege, but for want of improvement had, while abounding in perplexing care and labor, declined from first zeal and love, I was confounded, humbled myself, implored mercy, and renewed my covenant to strive and devote myself unreservedly to the Lord.

— *Bishop McKendree*

The preaching that kills may be, and often is, orthodox-

dogmatically, inviolably orthodox. We love orthodoxy. It is Good. It is the best. It is the clean, clear-cut teaching of God's Word, the trophies won by truth in its conflict with error, the levees which faith has raised against the desolation floods of honest or reckless misbelief or unbelief; but orthodoxy, clear and hard as crystal, suspicious and militant, may be but the letter well-shaped, well-named, and well-learned, the letter which kills. Nothing is so dead as a dead orthodoxy, too dead to speculate, too dead to think, to study, or to pray.

The preaching that kills may have insight and grasp of principles, may be scholarly and critical in taste, may have every minutia of the derivation and grammar of the letter, may be able to trim the letter into its perfect pattern, and illume it as Plato and Cicero may be illumined, may study it as a lawyer studies his text-books to form his brief or to defend his case, and yet be like a frost, a killing frost. Letter-preaching may be eloquent, enameled with poetry and rhetoric, sprinkled with prayer spiced with sensation, illumined by genius and yet these be but the massive or chaste, costly mountings, the rare and beautiful flowers which coffin the corpse. The preaching which kills may be without scholarship, unmarked by and freshness of thought or feeling, clothed in tasteless generalities or vapid specialties, with style irregular, slovenly, savoring neither of closet nor if study, graced neither by thought, expression, or prayer. Under such preaching how wide and utter the desolation! how profound the spiritual death!

This letter-preaching deals with the surface and shadow of things, and not the things themselves. It does not penetrate the inner part! It has no deep insight into, no strong grasp of, the

hidden life of God's word. It is true to the outside, but the outside is the hull which must be broken and penetrated for the kernel. The letter may be dressed so as to attract and be fashionable, but the attraction is not toward God nor is the fashion for heaven. The failure is in the preacher. God has not made him. He has never been in the hands of God like clay in the hands of the potter. he has been busy about the sermon, its thought and finish, its drawing and impressive forces; but the deep things of God have never been sought, studied, fathomed, experienced by him. He has never stood before "the throne high and lifted up," never heard the seraphim song, never seen the vision nor felt the rush of that awful holiness, and cried out in utter abandon and despair under the sense of weakness and guilt, and had his life renewed, his heart touched, purged, inflamed by the live coal from God's altar. His ministry may draw people to him, to the Church, to the form and ceremony; but no true drawings to God, no sweet, holy, divine communion induced. The Church has been frescoed but not edified, pleased but not sanctified. Life is suppressed; a chill is on the summer air; the soil is baked. The city of our God becomes the city of the dead; the Church a graveyard, not an embattled army. Praise and prayer are stifled; worship is dead. The preacher and the preaching have helped sin, not holiness; peopled hell, not heaven.

Preaching which kills is prayerless preaching. Without prayer the preacher creates death, and not life. The preacher who is feeble in prayer is feeble in life-giving forces. The preacher who has retired prayer as a conspicuous and largely prevailing element in his own character has shorn his preaching of its distinctive life-giving power. Professional praying there is and will be, but professional praying

helps the preaching to its deadly work. Professional praying chills and kills both preaching and praying. Much of the lax devotion and lazy, irreverent attitudes in congregational praying are attributable to professional praying in the pulpit. Long, discursive, dry, and inane are the prayers in many pulpits. Without unction or heart, they fall like a killing frost on all the graces of worship. Death-dealing prayers they are. Every vestige of devotion has perished under their breath. The deader they are the longer they grow. A plea for short praying, live praying, real heart praying, praying by the Holy Spirit-direct, specific, ardent, simple, unctuous in the pulpit-is in order, A school to teach preachers how to pray, as God counts praying, would be more beneficial to true piety, true worship, and true preaching than all theological schools.

Stop! Pause! Consider! Where are we? What are we doing? Preaching to kill? Praying to kill? Praying to God! the great God, the Maker of all worlds, the Judge of all men! What reverence! what simplicity! what sincerity! what truth in the inward parts is demanded! How real we must be! How hearty! Prayer to God the noblest exercise, the loftiest effort of man, the most real thing! Shall we not discard forever accursed preaching that kills and prayer that kills, and do the real thing, the mightiest thing-prayerful praying, life-creating preaching, bring the mightiest force to bear on heaven and earth and draw on God's exhaustless and open treasure for the need and beggary of man?

4. Tendencies to Be Avoided

Let us often look at Brainerd in the woods of America pouring out his very soul before God for the perishing heathen without whose salvation nothing could make him happy. Prayer-secret fervent believing prayer-lies at the root of all personal godliness. A competent knowledge of the language where a missionary lives, a mild and winning temper, a heart given up to God in closet religion-these, these are the attainments which, more than all knowledge, or all other gifts, will fit us to become the instruments of God in the great work of human redemption.

— *Carrey's Brotherhood, Serampore*

There are two extreme tendencies in the ministry. The one is to shut itself out from intercourse with the people. The monk, the hermit were illustrations of this; they shut themselves out from men to be more with God. They failed, of course. Our being with God is of use only as we expend its priceless benefits on men. This age, neither with preacher nor with people, is much intent on God. Our hankering is not that way. We shut ourselves to our study, we become students, bookworms, Bible worms, sermon makers, noted for literature, thought, and sermons; but the people and God, where are they? Out of heart, out of mind. Preachers who are great thinkers, great students must be the greatest of prayers, or else they will be the greatest of backsliders, heartless professionals, rationalistic, less than the least of preachers in God's estimate.

The other tendency is to thoroughly popularize the ministry. He is no longer God's man, but a man of affairs, of the people. He prays not, because his mission is to the people. If he can move

the people, create an interest, a sensation in favor of religion, an interest in Church work-he is satisfied. His personal relation to God is no factor in his work. Prayer has little or no place in his plans. The disaster and ruin of such a ministry cannot be computed by earthly arithmetic. What the preacher is in prayer to God, for himself, for his people, so is his power for real good to men, so is his true fruitfulness, his true fidelity to God, to man, for time, for eternity.

It is impossible for the preacher to keep his spirit in harmony with the divine nature of his high calling without much prayer. That the preacher by dint of duty and laborious fidelity to the work and routine of the ministry can keep himself in trim and fitness is a serious mistake. Even sermon-making, incessant and taxing as an art, as a duty, as a work, or as a pleasure, will engross and harden, will estrange the heart, by neglect of prayer, from God. The scientist loses God in nature. The preacher may lose God in his sermon.

Prayer freshens the heart of the preacher, keeps it in tune with God and in sympathy with the people, lifts his ministry out of the chilly air of a profession, fructifies routine and moves every wheel with the facility and power of a divine unction.

Mr. Spurgeon says: "Of course the preacher is above all others distinguished as a man of prayer. He prays as an ordinary Christian, else he were a hypocrite. He prays as an ordinary Christian, else he were a hypocrite. He prays more than ordinary Christians, else he were disqualified for the office he has undertaken. If you as ministers are not very prayerful, you are to be pitied. If you become lax in sacred devotion, not only will you need to be pitied but your

people also, and the day cometh in which you shall be ashamed and confounded. All our libraries and studies are mere emptiness compared with our closets. Our seasons of fasting and prayer at the Tabernacle have been high days indeed; never has heaven's gate stood wider; never have our hearts been nearer the central Glory."

The praying which makes a prayerful ministry is not a little praying put in as we put flavor to give it a pleasant smack, but the praying must be in the body, and form the blood and bones. Prayer is no petty duty, put into a corner; no piecemeal performance made out of the fragments of time which have been snatched from business and other engagements of ministerial duties; but it means the closet first, the study and activities second, both study and activities freshened and made efficient by the closet. Prayer that affects one's ministry must give tone to one's life. The praying which gives color and bent to character is no pleasant, hurried pastime. It must enter as strongly into the heart and life as Christ's "strong crying and tears" did; must draw out the soul into an agony of desire as Paul's did; must be an inwrought fire and force like the "effectual, fervent prayer" of James; must be of that quality which, when put into the golden censer and incensed before God, works mighty spiritual throes and revolutions.

Prayer is not a little habit pinned on to us while we were tied to our mother's apron strings; neither is it a little decent quarter of a minute's grace said over an hour's dinner, but it is a most serious work of our most serious years. It engages more of time and appetite than our longest dinings or richest feasts. The prayer that makes much of our preaching must be made much of. The character of our praying will determine the character of

our preaching. Light praying will make light preaching. Prayer makes preaching strong, gives it unction, and makes it stick. In every ministry weighty for good, prayer has always been a serious business.

The preacher must be preeminently a man of prayer. His heart must graduate in the school of prayer. In the school of prayer only can the heart learn to preach. No learning can make up for the failure to pray. No earnestness, no diligence, no study, no gifts will supply its lack.

Talking to men for God is a great thing, but talking to God for men is greater still. He will never talk well and with real success to men for God who has not learned well how to talk to God for men. More than this, prayerless words in the pulpit and out of it are deadening words.

5. Prayer, the Great Essential

You know the value of prayer: it is precious beyond all price.
Never, never neglect it

— *Sir Thomas Buxton*

Prayer is the first thing, the second thing, the third thing necessary
to a minister. Pray, then, my dear brother: pray, pray, pray

— *Edward Payson*

Prayer, in the preacher's life, in the preacher's study, in the preacher's pulpit, must be a conspicuous and an allimpregnating

force and on all-coloring ingredient. It must play no secondary part, be no mere coating. To him it is given to be with his Lord "all night in prayer." The preacher, to train himself in self-denying prayer, is charged to look to his Master, who, "rising up a great while before day, went out, and departed into a solitary place, and there prayed." The preacher's study ought to be a closet, a Bethel, and altar, a vision, and a ladder, that every thought might ascend heavenward ere it went manward; that every part of the sermon might be scented by the air of heaven and made serious, because God was in the study.

As the engine never moves until the fire is kindled, so preaching, with all its machinery, perfection, and polish, is at a dead standstill, as far as spiritual results are concerned, till prayer has kindled and created the steam. The texture, fineness, and strength of the sermon is a so much rubbish unless the mighty impulse of prayer is in it, through it, and behind it. The preacher must, by prayer, put God in the sermon. The preacher must, by prayer, move God toward the people before he can move the people to God by his words. The preacher must have had audience and ready access to God before he can have access to the people. An open way to God for the preacher is the surest pledge of an open way to the people.

It is necessary to iterate and reiterate that prayer, as a mere habit, as a performance gone through by routine or in a professional way, is a dead and rotten thing. Such praying has no connection with the praying for which we plead. We are stressing true praying, which engages and sets on fire every high element of the preacher's being-prayer which is born of vital oneness with Christ and the fullness of the Holy Ghost, which springs from the deep, overflowing

fountains of tender compassion, deathless solicitude for man's eternal good; a consuming zeal for the glory of God; a thorough conviction of the preacher's difficult and delicate work and of the imperative need of God's mightiest help. Praying grounded on these solemn and profound convictions is the only true praying. Preaching backed by such praying is the only preaching which sows the seeds of eternal life in human hearts and builds men up for heaven.

It is true that there may be popular preaching, pleasant preaching, taking preaching, preaching of much intellectual, literary, and brainy force, with its measure and form of good, with little or no praying; but the preaching which secures God's end in preaching must be born of prayer from text to exordium, delivered with the energy and spirit of prayer, followed and made to germinate, and kept in vital force in the hearts of the hearers by the preacher's prayers, long after the occasion has past.

We may excuse the spiritual poverty of our preaching in many ways, but the true secret will be found in the lack of urgent prayer for God's presence in the power of the Holy Spirit. There are preachers innumerable who can deliver masterful sermons after their order; but the effects are short-lived and do not enter as a factor at all into the regions of the spirit where the fearful war between God and Satan, heaven and hell, is being waged because they are not made powerfully militant and spiritually victorious by prayer.

The preachers who gain mighty results for God are the men who have prevailed in their pleadings with God ere venturing to plead with men. The preachers who are the mightiest in their closets with

God are the mightiest in their pulpits with men.

Preachers are human folks, and are exposed to and often caught by the strong driftings of human currents. Praying is spiritual work; and human nature does not like taxing, spiritual work. Human nature wants to sail to heaven under a favoring breeze, a full, smooth sea. Prayer is humbling work. It abases intellect and pride, crucifies vainglory, and signs our spiritual bankruptcy, and all these are hard for flesh and blood to bear. It is easier not to pray than to bear them. So we come to one of the crying evils of these times, maybe of all times-little or no praying. Of these two evils. perhaps little praying is worse than no praying. Little praying is a kind of make-believe, a salvo for the conscience, a farce and a delusion.

The little estimate we put on prayer is evident from the little time we give to it. The time given to prayer by the average preacher scarcely counts in the sum of the daily aggregate. Not infrequently the preacher's only praying is by his bedside in his nightdress, ready for bed and soon in it, with, perchance the addition of a few hasty snatches of prayer ere he is dressed in the morning. How feeble, vain, and little is such praying compared with the time and energy devoted to praying by holy men in and out of the Bible! How poor and mean our petty, childish praying is beside the habits of the true men of God in all ages! To men who think praying their main business and devote time to it according to this high estimate of its importance does God commit the keys of his kingdom, and by them does he work his spiritual wonders in this world. Great praying is the sign and seal of God's great leaders and the earnest of the conquering forces with which God will crown their labors.

The preacher is commissioned to pray as well as to preach. His

mission is incomplete if he does not do both well. The preacher may speak with all the eloquence of men and of angels; but unless he can pray with a faith which draws all heaven to his aid, his preaching will be "as sounding brass or a tinkling cymbal" for permanent God-honoring, soul-saving uses.

6. A Praying Ministry Successful

The principal cause of my leanness and unfruitfulness is owing to an unaccountable backwardness to pray. I can write or read or converse or hear with a ready heart; but prayer is more spiritual and inward than any of these, and the more spiritual any duty is the more my carnal heart is apt to start from it. Prayer and patience and faith are never disappointed. I have long since learned that if ever I was to be a minister faith and prayer must make me one. When I can find my heart in frame and liberty for prayer, everything else is comparatively easy.

— *Richard Newton*

It may be put down as a spiritual axiom that in every truly successful ministry prayer is an evident and controlling force-evident and controlling in the life of the preacher, evident and controlling in the deep spirituality of his work. A ministry may be a very thoughtful ministry without prayer; the preacher may secure fame and popularity without prayer; the whole machinery of the preacher's life and work may be run without the oil of prayer or with scarcely enough to grease one cog; but no ministry can be a spiritual one, securing holiness in the preacher and in his people,

without prayer being made an evident and controling force.

The preacher that prays indeed puts God into the work. God does not come into the preacher's work as a matter of course or on general principles, but he comes by prayer and special urgency. That God will be found of us in the day that we seek him with the whole heart is as true of the preacher as of the penitent. A prayerful ministry is the only ministry that brings the preacher into sympathy with the people. Prayer as essentially unites to the human as it does to the divine. A prayerful ministry is the only ministry qualified for the high offices and responsibilities of the preacher. Colleges, learning, books, theology, preaching cannot make a preacher, but praying does. The apostles' commission to preach was a blank till filled up by the Pentecost which praying brought. A prayerful minister has passed beyond the regions of the popular, beyond the man of mere affairs, of secularities, of pulpit attractiveness; passed beyond the ecclesiastical organizer or general into a sublimer and mightier region, the region of the spiritual. Holiness is the product of his work; transfigured hearts and lives emblazon the reality of his work, its trueness and substantial nature. God is with him. His ministry is not projected on worldly or surface principles. He is deeply stored with and deeply schooled in the things of God. His long, deep communings with God about his people and the agony of his wrestling spirit have crowned him as a prince in the things of God. The iciness of the mere professional has long since melted under the intensity of his praying.

The superficial results of many a ministry, the deadness of others, are to be found in the lack of praying. No ministry can succeed without much praying, and this praying must be fundamental,

ever-abiding, ever-increasing. The text, the sermon, should be the result of prayer. The study should be bathed in prayer, all its duties so impregnated with prayer, its whole spirit the spirit of prayer. "I am sorry that I have prayed so little," was the deathbed regret of one of God's chosen ones, a sad and remorseful regret for a preacher. "I want a life of greater, deeper, truer prayer," said the late Archbishop Tait. So may we all say, and this may we all secure.

God's true preachers have been distinguished by one great feature: they were men of prayer. Differing often in many things, they have always had a common center. They may have started from different points, and traveled by different roads, but they converged to one point; they were one in prayer. God to them was the center of attraction, and prayer was the path that led to God. These men prayed not occasionally, not a little at regular or at odd times; but they so prayed that their prayers entered into and shaped their characters; they so prayed as to affect their won lives and the lives of others; they so prayed as to make the history of the Church and influence the current of the times. They spent much time in prayer, not because they marked the shadow on the dial or the hands on the clock, but because it was to them so momentous and engaging a business that they could scarcely give over.

Prayer was to them what it was to Paul, a striving with earnest effort of soul; what it was to Jacob, a wrestling and prevailing; what it was to Christ, "strong crying and tears." They "prayed always with all prayer and supplication in the Spirit, and watching thereunto with all perseverance." "The effectual, fervent prayer" has been the mightiest weapon of God's mightiest soldiers. The statement in regard to Elijah-that he "was a man subject to like

passions as we are, and he prayed earnestly that it might not rain: and it rained not on the earth by the space of three years and six months. And he prayed again, and the heaven gave rain, and the earth brought forth her fruit"-comprehends all prophets and preachers who have moved their generation for God, and shows the instrument by which they worked their wonders.

7. Much Time Should Be Given to Prayer

The great masters and teachers in Christian doctrine have always found in prayer their highest source of illumination. Not to go beyond the limits of the English Church, it is re-corded of Bishop Andrews that he spent five hours daily on his knees. The greatest practical resolves that have enriched and beautified human life in Christian times have been arrived at in prayer.

— Canon Liddon

While many private prayers, in the nature of things, must be short; while public prayers, as a rule, ought to be short and condensed; while there is ample room for and value put on ejaculatory prayer-yet in our private communions with God time is a feature essential to its value. Much time spent with God is the secret of all successful praying. Prayer which is felt as a mighty force is the mediate or immediate product of much time spent with God. Our short prayers owe their point and efficiency to the long ones that have preceded them. The short prevailing prayer cannot

be prayed by one who has not prevailed with God in a mightier struggle of long continuance. Jacob's victory of faith could not have been gained without that all-night wrestling. God's acquaintance is not made by pop calls. God does not bestow his gifts on the casual or hasty comers and goers. Much with God alone is the secret of knowing him and of influence with him. He yields to the persistency of a faith that knows him. He bestows his richest gifts upon those who declare their desire for and appreciation of those gifts by the constancy as well as earnestness of their importunity. Christ, who in this as well as other things is our Example, spent many whole nights in prayer. His custom was to pray much. He had his habitual place to pray. Many long seasons of praying make up his history and character. Paul prayed day and night. It took time from very important interests for Daniel to pray three times a day. David's morning, noon, and night praying were doubtless on many occasions very protracted. While we have no specific account of the time these Bible saints spent in prayer, yet the indications are that they consumed much time in prayer, and on some occasions long seasons of praying was their custom.

We would not have any think that the value of their prayers is to be measured by the clock, but our purpose is to impress on our minds the necessity of being much alone with God; and that if this feature has not been produced by our faith, then our faith is of a feeble and surface type.

The men who have most fully illustrated Christ in their character, and have most powerfully affected the world for him, have been men who spent so much time with God as to make it a notable feature of their lives. Charles Simeon devoted the hours

from four till eight in the morning to God. mr. Wesley spent two hours daily in prayer. He began at four in the morning. Of him, one who knew him well wrote: "He thought prayer to be more his business than anything else, and I have seen him come out of his closet with a serenity of face next to shining." John Fletcher stained the walls of his room by the breath of his prayers. Sometimes he would pray all night; always, frequently, and with great earnestness. His whole life was a life of prayer. "I would not rise from my seat," he said, "without lifting my heart to God." His greeting to a friend was always: "Do I meet you praying?" Luther said: "If I fail to spend two hours in prayer each morning, the devil gets the victory through the day. I have so much business I cannot get on without spending three hours daily in prayer." He had a motto: "He that has prayed well has studied well."

Archbishop Leighton was so much alone with God that he seemed to be in a perpetual meditation. "Prayer and praise were his business and his pleasure," says his biographer. Bishop Ken was so much with God that his soul was said to be God-enamored. He was with God before the clock struck three every morning. Bishop Asbury said: "I propose to rise at four o'clock as often as I can and spend two hours in prayer and meditation." Samuel Rutherford, the fragrance of whose piety is still rich, rose at three in the morning to meet God in prayer. Joseph Alleine arose at four o'clock for his business of praying till eight. If he heard other tradesmen plying their business before he was up, he would exclaim: "O how this shames me! Doth mot my Master deserve more than theirs?" He who has learned this trade well draws at will, on sight, and with acceptance of heaven's unfailing bank.

One of the holiest and among the most gifted of Scotch preachers says: "I ought to spend the best hours in communion with God. It is my noblest and most fruitful employment, and is not to be thrust into a corner. The morning hours, from six to eight, are the most uninterrupted and should be thus employed. After tea is my best hour, and that should be solemnly dedicated to God. I ought not to give up the good old habit of prayer before going to bed; but guard must be kept against sleep. When I awake in the night, I ought to rise and pray. A little time after breakfast might be given to intercession." This was the praying plan of Robert McCheyne. The memorable Methodist band in their praying shame us. "From four to give in the morning, private prayer; from five to six in the evening, private prayer."

John Welch, the holy and wonderful Scotch preacher, thought the day ill spent if he did not spend dight or ten hours in prayer. He kept a plaid that he might wrap himself when he arose to pray at night. His wife would complain when she found him lying on the ground weeping. He would reply: "O woman, I have the souls of three thousand to answer for and I know not how it is with many of them!"

8. Examples of Praying Men

The act of praying is the very highest energy of which the human mind is capable; praying, that is, with the total concentration of the faculties. The great mass of worldly men and of learned men are

absolutely incapable of prayer.

— *Samuel Taylor Coleridge*

Bishop Wilson says: "In H. Martyn's journal the spirit of prayer, the time he devoted to the duty, and his fervor in it are the first things which strike me."

Payson wore the hard-wood boards into grooves where his knees pressed so often and so long. His biographer ways: "His continuing instant in prayer, be his circumstances what they might, is the most noticeable fact in his history, and points out the duty of all who would rival his eminency. To his ardent and persevering prayers must no doubt be ascribed in a great measure his distinguished and almost uninterrupted success."

The Marquis DeRenty, to whom Christ was most precious, ordered his servant to call him from his devotions at the end of half an hour. The servant at the time saw his face through an aperture. It was marked with such holiness that he hated to arouse him. His lips were moving, but he was perfectly silent. He waited until three half hours had passed; then he called to him, when he arose from his knees, saying that the half hour was so short when he was communing with Christ.

Brainerd said: "I love to be alone in my cottage, where I can spend much time in prayer."

William Bramwell is famous in Methodist annals for personal holiness and for his wonderful success in preaching and for the marvelous answers to his prayers. For hours at a time he would

pray. He almost lived on his knees. He went over his circuits like a flame of fire. The fire was kindled by the time he spent in prayer. He often spent as much as four hours in a single season of prayer in retirement.

Bishop Andrewes spent the greatest part of five hours every day in prayer and devotion.

Sir Henry Havelock always spent the first two hours of each day alone with God. If the encampment was struck at 6 A.M., he would rise at four.

Earl Cairns rose daily at six o'clock to secure an hour and a half for the study of the Bible and for prayer, before conducting family worship at a quarter to eight.

Dr. Judson's success in prayer is attributable to the fact that he gave much time to prayer. He says on this point: "Arrange thy affairs, if possible, so that thou canst leisurely devote two or three hours every day not merely to devotional exercises but to the very act of secret prayer and communion with God. Endeavor seven times a day to withdraw from business and company and lift up thy soul to God in private retirement. Begin the day by rising after midnight and devoting some time amid the silence and darkness of the night to this sacred work. Let the hour of opening dawn find thee at the same work. Let the hours of nine, twelve, three, six, and nine at night witness the same. Be resolute in his cause. Make all practicable sacrifices to maintain it. Consider that thy time is short, and that business and company must not be allowed to rob thee of thy God." Impossible, say we, fanatical directions! Dr.

Judson impressed an empire for Christ and laid the foundations of God's kingdom with imperishable granite in the heart of Burmah. He was successful, one of the few men who mightily impressed the world for Christ. Many men of greater gifts and genius and learning than he have made no such impression; their religious work is like footsteps in the sands, but he has engraven his work on the adamant. The secret of its profundity and endurance is found in the fact that he gave time to prayer. He kept the iron red-hot with prayer, and God's skill fashioned it with enduring power. No man can do a great and enduring work for God who is not a man of prayer, and no man can be a man of prayer who does not give much time to praying.

Is it true that prayer is simply the compliance with habit, dull and mechanical? A petty performance into which we are trained till tameness, shortness, superficiality are its chief elements? "Is it true that prayer is, as is assumed, little else than the half-passive play of sentiment which flows languidly on through the minutes or hours of easy reverie?" Canon Liddon continues: "Let those who have really prayed give the answer. They sometimes describe prayer with the patriarch Jacob as a wrestling together with an Unseen Power which may last, not unfrequently in an earnest life, late into the night hours, or even to the break of day. Sometimes they refer to common intercession with St. Paul as a concerted struggle. They have, when praying, their eyes fixed on the Great Intercessor in Gethsemane, wpon the drops of blood which fall to the ground in that agony of resignation and sacrifice. Importunity is of the

essence of successful prayer. Importunity means not dreaminess but sustained work. It is through prayer especially that the kingdom of heaven suffereth violence and the violent take it by force, It was a saying of the late Bishop Hamilton that "No man is likely to do much good in prayer who does not begin by looking upon it in the light of a work to be prepared for and persevered in with all the earnestness which we bring to bear upon subjects which are in our opinion at once most interesting and most necessary."

9. Begin the Day with Prayer

I ought to pray before seeing any one. Often when I sleep long, or meet with others early, it is eleven or twelve o'clock before I begin secret prayer. This is a wretched system. It is unscriptural. Christ arose before day and went into a solitary place. David says: "Early will I seek thee"; "Thou shalt early hear my voice." Family prayer loses much of its power and sweetness, and I can do no good to those who come to seek from me. The conscience feels guilty, the soul unfed, the lamp not trimmed. Then when in secret prayer the soul is often out of true, I feel it is far better to begin with God-to see his face first, to get my soul near him before it is near another.

— *Robert Murray McCheyne*

The men who have done the most for God in this world have been early on their knees. He who fritters away the early morning, its opportunity and freshness, in other pursuits than seeking God will make poor headway seeking him the rest of the day. If God is

not first in our thoughts and efforts in the morning, he will be in the last place the remainder of the day.

Behind this early rising and early praying is the ardent desire which presses us into this pursuit after God. Morning listlessness is the index to a listless heart. The heart which is behindhand in seeking God in the morning has lost its relish for God. David's heart was ardent after God. He hungered and thirsted after God, and so he sought God early, before daylight. The bed and sleep could not chain his soul in its eagerness after God. Christ longed for communion with God; and so, rising a great while before day, he would go out into the mountain to pray. The disciples, when fully awake and ashamed of their indulgence, would know where to find him. We might go through the list of men who have mightily impressed the world for God, and we would find them early after God.

A desire for God which cannot break the chains of sleep is a weak thing and will do but little good for God after it has indulged itself fully. The desire for God that keeps so far behind the devil and the world at the beginning of the day will never catch up.

It is not simply the getting up that puts men to the front and makes them captain generals in God's hosts, but it is the ardent desire which stirs and breaks all self-indulgent chains. But the getting up gives vent, increase, and strength to the desire. If they had lain in bed and indulged themselves, the desire would have been quenched. The desire aroused them and put them on the stretch for God, and this heeding and acting on the call gave their

faith its grasp on God and gave to their hearts the sweetest and fullest revelation of God, and this strength of faith and fullness of revelation made them saints by eminence, and the halo of their sainthood has come down to us, and we have entered on the enjoyment of their conquests. But we take our fill in enjoyment, and not in productions. We build their tombs and write their epitaphs, but are careful not to follow their examples.

We need a generation of preachers who seek God and seek him early, who give the freshness and dew of effort to God, and secure in return the freshness and fullness of his power that he may be as the dew to them, full of gladness and strength, through all the heat and labor of the day. Our laziness after God is our crying sin. The children of this world are far wiser than we. They are at it early and late. We do not seek God with ardor and diligence. No man gets God who does not follow hard after him, and no soul follows hard after God who is not after him in early morn.

10. Prayer and Devotion United

There is a manifest want of spiritual influence on the ministry of the present day. I feel it in my own case and I see it in that of others. I am afraid there is too much of a low, managing, contriving, maneuvering temper of mind among us. We are laying ourselves out more than is expedient to meet one man's taste and another man's prejudices. The ministry is a grand and holy affair, and it should find in us a simple habit of spirit and a holy but

humble indifference to all consequences. The leading defect in Christian ministers is want of a devotional habit.

— *Richard Cecil*

Never was there greater need for saintly men and women; more imperative still is the call for saintly, God-devoted preachers. The world moves with gigantic strides. Satan has his hold and rule on the world, and labors to make all its movements subserve his ends. Religion must do its best work, present its most attractive and perfect models. By every means, modern sainthood must be inspired by the loftiest ideals and by the largest possibilities through the Spirit. Paul lived on his knees, that the Ephesian Church might measure the heights, breadths, and depths of an unmeasurable saintliness, and "be filled with all the fullness of God." Epaphras laid himself out with the exhaustive toil and strenuous conflict of fervent prayer, that the Colossian Church might "stand perfect and complete in all the will of God." Everywhere, everything in apostolic times was on the stretch that the people of God might each and "all come in the unity of the faith, and of the knowledge of the Son of God, unto a perfect man, unto a perfect man, unto the measure of the stature of the fullness of Christ." No premium was given to dwarfs; no encouragement to an old babyhood. The babies were to grow; the old, age, and be fat and flourishing. The divinest thing in religion is holy men and holy women.

No amount of money, genius, or culture can move things for God. Holiness energizing the soul, the whole man aflame with love, with desire for more faith, more prayer, more zeal, more

consecration-this is the secret of power. These we need and must have, and men must be the incarnation of this God-inflamed devotedness. God's advance has been stayed, his cause crippled: his name dishonored for their lack. Genius(though the loftiest and most gifted), education(though the most learned and refined), position, dignity, place, honored names, high ecclesiastics cannot move this chariot of our God. It is a fiery one, and fiery forces only can move it. The genius of a Milton fails. The imperial strength of a Leo fails. Brainerd's spirit can move it. Brainerd's spirit was on fire for God, on fire for souls. Nothing earthly, worldly, selfish came in to abate in the least the intensity of this all-impelling and all-consuming force and flame.

Prayer is the creator as well as the channel of devotion. The spirit of devotion is the spirit of prayer. Prayer and devotion are united as soul and body are united, as life and the heart are united. There is no real prayer without devotion, no devotion without prayer. The preacher must be surrendered to God in the holiest devotion. He is not a professional man, his ministry is not a profession; it is a divine institution, a divine devotion. He is devoted to God. His aim, aspirations, ambition are for God and to God, and to such prayer is as essential as food is to life.

The preacher, above everything else, must be devoted to God. The preacher's relations to God are the insignia and credentials of his ministry. These must be clear, conclusive, unmistakable. No common, surface type of piety must be his. If he does not excel in grace, he does not excel at all. If he does not preach by life,

character, conduct, he does not preach at all. If his piety be light, his preaching may be as soft and as sweet as music, as gifted as Apollo, yet its weight will be a feather's weight, visionary, fleeting as the morning cloud or the early dew. Devotion to God-there is no substitute for this in the preacher's character and conduct. Devotion to a Church, to opinions, to an organization, to orthodoxy-these are paltry, misleading, and vain when they become the source of inspiration, the animus of a call. God must be the mainspring of the preacher's effort, the fountain and crown of all his toil. The name and honor of Jesus Christ, the advance of his cause, must be all in all. The preacher must have no inspiration but the name of Jesus Christ, no ambition but to have him glorified, no toil but for him. Then prayer will be a source of his illuminations, the means of perpetual advance, the gauge of his success. The perpetual aim, the only ambition, the preacher can cherish is to have God with him.

Never did the cause of God need perfect illustrations of the possibilities of prayer more than in this age. No age, no person, will be examples of the gospel power except the ages or persons of deep and earnest prayer. A prayerless age will have but scant models of divine power. Prayerless hearts will never rise to these Alpine heights. The age may be a better age than the past, but there is an infinite distance between the betterment of an age by the force of an advancing civilization and its betterment by the increase of holiness and Christlikeness by the energy of prayer. The Jews were much better when Christ came than in the ages before. It was the

golden age of their Pharisaic religion. Their golden religious age crucified Christ. Never more praying, never less praying; never more sacrifices, never less sacrifice; never less idolatry, never more idolatry; never more of temple worship, never less of God worship; never more of lip service, never less of heart service(God worshiped by lips whose hearts and hands crucified God's Son!); never more of churchgoers, never less of saints.

It is prayer-force which makes saints. Holy characters are formed by the power of real praying. The more of true saints, the more of praying; the more of praying, the more of true saints.

11. An Example of Devotion

I urge upon you communion with Christ a growing communion. There are curtains to be drawn aside in Christ that we never saw, and new foldings of love in him. I despair that I shall ever win to the far end of that love, there are so many plies in it. Therefore dig deep, and sweat and labor and take pains for him, and set by as much time in the day for him as you can. We will be won in the labor.

— *Samuel Rutherford*

God has now, and has had, many of these devoted, prayerful preachers-men in whose lives prayer has been a mighty, controlling, conspicuous force. The world has felt their power, God has felt and honored their power, God's cause has moved mightily and swiftly

by their prayers, holiness has shone out in their characters with a divine effulgence.

God found one of the men he was looking for in David Brainerd, whose work and name lave gone into history. He was no ordinary man, but was capable of shining in any company, the peer of the wise and gifted ones, eminently suited to fill the most attractive pulpits and to labor among the most refined and the cultured, who were so anxious to secure him for their pastor. President Edwards bears testimony that he was "a young man of distinguished talents, had extraordinary knowledge of men and things, had rare conversational powers, excelled in his knowledge of theology, and was truly, for one so young, an extraordinary divine, and especially in all matters relating to experimental religion. I never knew his equal of his age and standing for clear and accurate notions of the nature and essence of true religion. His manner in prayer was almost inimitable, such as I have very rarely known equaled. His learning was very considerable, and he had extraordinary gifts for the pulpit."

No sublimer story has been recorded in earthly annals than that of David Brainerd; no miracle attests with diviner force the truth of Christianity than the life and work of such a man. Alone in the savage wilds of America, struggling day and night with a mortal disease, unschooled in the care of souls, having access to the Indians for a large portion of time only through the bungling medium of a pagan interpreter, with the Word of God in his heart and in his hand, his soul fired with the divine flame, a place and time to pour out his soul to God in prayer, he fully established the worship of God and secured all its gracious results. The Indians were changed

with a great change from the lowest besotments of an ignorant and debased heathenism to pure, devout, intelligent Christians; all vice reformed, the external duties of Christianity at once embraced and acted on; family prayer set up; the Sabbath instituted and religiously observed; the internal graces of religion exhibited with growing sweetness and strength. The solution of these results is found in David Brainerd himself, not in the conditions or accidents but in the man Brainerd. He was God's man, for God first and last and all the time. God could flow unhindered through him. The omnipotence of grace was neither arrested nor straightened by the conditions of his heart; the whole channel was broadened and cleaned out for God's fullest and most powerful passage, so that God with all his mighty forces could come down on the hopeless, savage wilderness, and transform it into his blooming and fruitful garden; for nothing is too hard for God to do if he can get the right kind of a man to do it with.

Brainerd lived the life of holiness and prayer. His diary is full and monotonous with the record of his seasons of fasting, meditation, and retirement. The time he spent in private prayer amounted to many hours daily. "When I return home," he said, "and give myself to meditation, prayer, and fasting, my soul longs for mortification, self-denial, humility, and divorcement from all thing of the world." "I have nothing to do," he said, "with earth but only to labor in it honestly for God. I do not desire to live one minute for anything which earth can afford." After this high order did he pray: "Feeling somewhat of the sweetness of communion with God and the

constraining force of his love, and how admirably it captivates the soul and makes all the desires and affections to center in God, I set apart this day for secret fasting and prayer, to entreat God to direct and bless me with regard to the great work which I have in view of preaching the gospel, and that the Lord would return to me and show me the light of his countenance. I had little life and power in the forenoon. Near the middle of the afternoon God enabled me to wrestle ardently in intercession for my absent friends, but just at night the Lord visited me marvelously in prayer. I think my soul was never in such agony before. I felt no restraint, for the treasures of divine grace were opened to me. I wrestled for absent friends, for the ingathering of souls, for multitudes of poor souls, and for many that I thought were the children of God, personally, in many distant places. I was all over wet with sweat, but yet it seemed to me I had done nothing. O, my dear Saviour did sweat blood for poor souls! I longed for more compassion toward them. I felt still in a sweet frame, under a sense of divine love and grace, and sent to bed in such a frame, with my heart set on God." It was prayer which gave to his life and ministry their marvelous power.

The men of mighty prayer are men of spiritual might. Prayers never die. Brainerd's whole life was a life of prayer. By day and by night he prayed. Before preaching and after preaching he prayed. riding through the interminable solitudes of the forests he prayed. On his bed of straw he prayed. Retiring to the dense and lonely forests, he prayed. Hour by hour, day after day, early morn and late at night, he was praying and fasting, pouring out his soul,

interceding, communing with God. He was with God mightily in prayer, and God was with him mightily, and by it he being dead yet speaketh and worketh, and will speak and work till the end comes, and among the glorious ones of that glorious day he will be with the first.

Jonathan Edwards ways of him: "His life shows the right way to success in the works of the ministry. He sought it as the soldier seeks victory in a siege or battle; or as a man that runs a race for a great prize. Animated with love to Christ and souls, how did he labor? Always fervently. Not only in word and doctrine, in public and in private, but in prayers by day and night, wrestling with God in secret and travailing in birth with unutterable groans and agonies, until Christ was formed in the hearts of the people to whom he was sent. Like a true son of Jacob, he persevered in wrestling through all the darkness of the night, until the breaking of the day!"

12. Heart Preparation Necessary

For nothing reaches the heart but what is from the heart or pierces the conscience but what comes from a living conscience.

— *william Penn*

In the morning was more engaged in preparing the head than the heart. This has been frequently my error, and I have always felt the evil of it

especially in prayer. Reform it then, O Lord!

Enlarge my heart and I shall preach

— *Robert Murray McCheyne*

A sermon that has more head infused into it than heart will not borne home with efficacy to the hearers.

— *Richard Cecil*

Prayer, with its manifold and many-sided forces, helps the mouth to utter the truth in its fullness and freedom. The preacher is to be prayed for, the preacher is made by prayer. The preacher's mouth is to be prayed for; his mouth is to be opened and filled by prayer. A holy mouth is made by praying, by much praying; a brave mouth is made by praying, by much praying. The Church and the world, God and heaven, owe much to Paul's mouth; Paul's mouth owed its power to prayer.

How manifold, illimitable, valuable, and helpful prayer is to the preacher in so many ways, at so many points, in every way! One great value is, it helps his heart.

Praying makes the preacher a heart preacher. Prayer puts the preacher's heart into the preacher's sermon; prayer puts the preacher's sermon into the preacher's heart.

The heart makes the preacher. Men of great hearts are great preachers. Men of bad hearts may do a measure of good, but this is rare. The hireling and the stranger may help the sheep ap some points, but it is the good shepherd with the good shepherd's heart who will bless the sheep and answer the full measure of the

shepherd's place.

We have emphasized sermon-preparation until we have lost sight of the important thing to be preparation until we have lost sight of the important thing to be prepared-the heart. A prepared heart is much better than a prepared sermon. A prepared heart will make a prepared sermon.

Volumes have been written laying down the mechanics and taste of sermon-making, until we have become possessed with the idea that this scaffolding is the building. The young preacher has been taught to lay out all his strength on the form, taste, and beauty of his sermon as a mechanical and intellectual product. We have thereby cultivated a vicious taste among the people and raised the clamor for talent instead of grace, eloquence instead of piety, rhetoric instead of revelation, reputation and brilliancy instead of holiness. By it we have lost the true idea of preaching, lost preaching power, lost pungent conviction for sin, lost the rich experience and elevated Christian character, lost the authority over consciences and lives which always results from genuine preaching.

It would not do to say that preachers study too much. Some of them do not study at all; others do not study enough. Numbers do not study the right way to show themselves workmen approved of God. But our great lack is not in head culture, but in heart culture; not lack of knowledge but lack of holiness is our sad and telling defect-not that we know too much, but that we do not meditate on God and his word and watch and fast and pray enough. The heart is the great hindrance to our preaching. Words pregnant with divine truth find in our hearts nonconductors; arrested, they fall

shorn and powerless.

Can ambition, that lusts after praise and place, preach the gospel of Him who made himself of no reputation and took on Him the form of a servant? Can the proud, the vain, the egotistical preach the gospel of him who was meek and lowly? Can the bad-tempered, passionate, selfish, hard, worldly man preach the system which teems with long-suffering, self-denial, tenderness, which imperatively demands separation from enmity and crucifixion to the world? Can the hireling official, heartless, perfunctory, preach the gospel which demands the shepherd to give his life for the sheep? Can the covetous man, who counts salary and money, preach the gospel till he has gleaned his heart and can say in the spirit of Christ and Paul in the words of Wesley: "I count it dung and dross; I trample it under my feet; I (yet not I, but the grace of God in me) esteem it just as the mire of the streets, I desire it not, I seek it not?" God's revelation does not need the light of human genius, the polish and strength of human culture, the brilliancy of human thought, the force of human brains to adorn or enforce it; but it does demand the simplicity, the docility, humility, and faith of a child's heart.

It was this surrender and subordination of intellect and genius to the divine and spiritual forces which made Paul peerless among the apostles. It was this which gave Wesley his power and radicated his labors in the history of humanity. This gave to Loyola the strength to arrest the retreating forces of Catholicism.

Our great need is heart-preparation. Luther held it as an axiom: "He who has prayed well has studied well." We do not say that men are not to think and use their intellects; but he will use his

intellect best who cultivates his heart most. We do not say that preachers should not be students; but we do say that their great study should be the Bible, and he studies the Bible best who has kept his heart with diligence. We do not say that the preacher should not know men, but he will be the greater adept in human nature who has fathomed the depths and intricacies of his own heart. We do say that while the channel of preaching is the mind, its fountain is the heart; you may broaden and deepen the channel, but if you do not look well to the purity and depth of the fountain, you will have a dry or polluted channel. We do say that almost any man of common intelligence has sense enough to preach the gospel, but very few have grace enough to do so. We do say that he who has struggled with his own heart and conquered it; who has taught it humility, faith, love, truth, mercy, sympathy, courage; who can pour the rich treasures of the heart thus trained, through a manly intellect, all surcharged with the power of the gospel on the consciences of his hearers-such a one will be the truest, most successful preacher in the esteem of his Lord.

13. Grace from the Heart Rather than the Head

Study not to be a fine preacher. Jerichos are blown down with ram's horns. Look simply unto Jesus for preaching food; and what is wanted will be given, and what is given will be blessed, whether it be a barley grain or a wheaten loaf, a crust or a crumb. Your mouth will be a flowing stream or a fountain

sealed, according as your heart is. Avoid all controversy in preaching, talking,
or writing; preach nothing down but the devil,
and nothing up but Jesus Christ.

— *Berridge*

The heart is the Saviour of the world. Heads do not save. Genius, brains, brilliancy, strength, natural gifts do not save. The gospel flows through hearts. All the mightiest forces are heart forces. All the sweetest and loveliest graces are heart graces. Great hearts make great characters; great hearts make divine characters. God is love. There is nothing greater than love, nothing greater than God. Hearts make heaven; haven is love. There is nothing higher, nothing sweeter, than heaven. It is the heart and not the head which makes God's great preachers. The heart counts much every way in religion. The heart must speak from the pulpit. The heart must hear in the pew. In fact, we serve God with our hearts. Head homage does not pass current in heaven.

We believe that one of the serious and most popular errors of the modern pulpit is the putting of more thought than prayer, of more head than of heart in its sermons. Big hearts make big preachers; good hearts make good preachers. A theological school to enlarge and cultivate the heart is the golden desideratum of the gospel. The pastor binds his people to him and rules his people by his heart. They may admire his gifts, they may be proud of his ability, they may be affected for the time by his sermons; but the stronghold of his power is his heart. His scepter is love. The throne of his power is his heart.

The good shepherd gives his life for the sheep. Heads never make martyrs. It is the heart which surrenders the life to love and fidelity. It takes great courage to be a faithful pastor, but the heart alone can supply this courage. Gifts ad genius may be brave, but it is the gifts and genius of the heart and not of the head.

It is easier to fill the head than it is to prepare the heart. It is easier to make a brain sermon than a heart sermon. It was heart that drew the Son of God from heaven. It is heart that will draw men to heaven. Men of heart is what the world needs to sympathize with its woe, to kiss away its sorrows, to compassionate its misery, and to alleviate its pain. Christ was eminently the man of sorrows, because he was preemi-nently the man of heart.

"Give me thy heart," is God's requisition of men. "Give me thy heart! is man's demand of man.

A professional ministry is a heartless ministry. When salary plays a great part in the ministry, the heart plays little part. We may make preaching our business, and not put our hearts in the business. He who puts self to the front in his preaching puts heart to the rear. He who does not sow with his heart in his study will never reap a harvest for God. The closet is the heart's study. We will learn more about how to preach and what to preach there than we can learn in our libraries. "Jesus wept" is the shortest and biggest verse in the Bible. It is he who goes forth weeping (not preaching great sermons), bearing precious seed, who shall come again rejoicing, bringing his sheaves with him.

Praying gives sense, brings wisdom, broadens and strengthens

the mind. The closet is a perfect school-teacher and schoolhouse for the preacher. Thought is not only brightened and clarified in prayer, but thought is born in prayer. We can learn more in an hour praying, when praying indeed, than from many hours in the study. Books are in the closet which can be found and read nowhere else. Revelations are made in the closet which are made nowhere else.

14. Unction a Necessity

One bright benison which private prayer brings down upon the ministry is an indescribable and inimitable something-an unction from the Holy One. . . . If the anointing which we bear come not from the Lord of hosts, we are deceivers, since only in prayer can we obtain it. Let us continue instant constant fervent in supplication. Let your fleece lie on the thrashing floor of supplication till it is wet with the dew of heaven.

— *Charles Haddon Spurgeon*

Alexander Knox, a Christian philosopher of the days of Wesley, not an adherent but a strong personal friend of Wesley, and with much spiritual sympathy with the Wesleyan movement, writes: "It is strange and lamentable, but I verily believe the fact to be that except among Methodists and Methodistical clergyman, there is not much interesting preaching In England. The clergy, too generally have absolutely lost the art. There is, I conceive, in the great laws of the moral world a kind of secret understanding like the affinities

in chemistry, between rightly promulgated religious truth and the deepest feelings of the human mind. Where the one is duly exhibited, the other will respond. Did not our hearts burn within us?-but to this devout feeling is indispensable in the speaker. Now, I am obliged to state from my own observation that this onction, as the French not unfitly term it, is beyond all comparison more likely to be found in England in a Methodist conventicle than in a parish Church. This, and this alone, seems really to be that which fills the Methodist houses and thins the Churches. I am, I verily think, no enthusiast; I am a most sincere and cordial churchman, a humble disciple of the School of Hale and Boyle, of Burnet and Leighton. Now I must aver that when I was in this country, two years ago, I did not hear a single preacher who taught me like my own great masters but such as are deemed Methodist preachers (however I may not always approve of all their expressions) do most assuredly diffuse this true religion and undefiled. I felt real pleasure last Sunday. I can bear witness that the preacher did at once speak the words of truth and soberness. There was no eloquence-the honest man never dreamed of such a thing but there was far better: a cordial communication of vitalized truth. I say vitalized because what he declared to others it was impossible not to feel he lived on himself."

This unction is the art of preaching. The preacher who never had this unction never had the art of preaching. The preacher who has lost this unction has lost the art of preaching. Whatever other arts he may have and retain the art of sermon-making, the

art of eloquence, the art of great, clear thinking, the art of pleasing an audience he has lost the divine art of preaching. This unction makes God's truth powerful and interesting, draws and attracts, edifies, convicts, saves.

This unction vitalizes God's revealed truth, makes it living and life-giving, Even God's truth spoken without this unction is light, dead, and deadening. Though abounding in truth, though weighty with thought, though sparkling with rhetoric, though pointed by logic, though powerful by earnestness, without this divine unction it issues in death and not in life. Mr. Spurgeon says: "I wonder how long we might beat our brains before we could plainly put into word what is meant by preaching with unction. Yet he who preaches knows its presence, and he who hears soon detects its absence. Samaria, in famine, typifies a discourse without it. Jerusalem, with her feast of fat things, full of marrow, may represent a sermon enriched with it. Every one knows what the freshness of the morning is when orient pearls abound on every blade of grass, but who can describe it, much less produce it of itself? Such is the mystery of spiritual anointing. We know, but we cannot tell to others what it is. It is as easy as it is foolish, to counterfeit it. Unction is a thing which you cannot manufacture, and its counterfeits are worse than worthless. Yet it is, in itself, priceless, and beyond measure needful if you would edify believers and bring sinners to Christ."

15. Unction, the Mark of True Gospel Preaching

Speak for eternity. Above all things, cultivate your own spirit. A word spoken by you when your conscience is clear and your heart full of God's Spirit is worth ten thousand words spoken in unbelief and sin. Remember that God, and not man, must have the glory. If the veil of the world's machinery were lifted off, how much we would find is done in answer to the prayers of God's children.

— *Robert Murray McCheyne*

Unctions is that indefinable, indescribable something which an old, renowned Scotch preacher describes thus: "There is sometimes somewhat in preaching that cannot be ascribed either to matter or expression, and cannot be described what it is, or from whence it cometh, but with a sweet violence it pierceth into the heart and affections and comes immediately from the Word; but if there be any way to obtain such a thing, it is by the heavenly disposition of the speaker."

We call it unction. It is this unction which makes the word of God "quick and powerful, and sharper than any two-edged sword, piercing even to the dividing asunder of soul and spirit, and of the joints and marrow, and a discerner of the thoughts and intents of the heart." It is this unction which gives the words of the preacher such friction and stir in many a dead congregation. The same truths have been told in the strictness of the letter, smooth as human oil could make them; but no signs of life, not a pulse throb; all as peaceful as the grave and as dead. The same preacher in the

mean-while receives a baptism of this unction, the divine inflatus is on him, the letter of the Word has been embellished and fired by this mysterious power, and the throbbings of life begin-life which receives or life which resists. The unction pervades and convicts the conscience and breaks the heart.

This divine unction is the feature which separates and distinguishes true gospel preaching from all other methods of presenting the truth, and which creates a wide spiritual chasm between the preacher who has it and the one who has it not. It backs and impregns revealed truth with all the energy of God. Unction is simply putting God in his own word and on his own preachers. By mighty and great prayerfulness and by continual prayerfulness, it is all potential and personal to the preacher; it inspires and clarifies his intellect, gives insight and grasp and projecting power; it gives to the preacher heart power, which is greater than head power; and tenderness, purity, force flow from the heart by it. Enlargement, freedom, fullness of thought, directness and simplicity of utterance are the fruits of this unction.

Often earnestness is mistaken for this unction. He who has the divine unction will be earnest in the very spiritual nature of things, but there may be a vast deal of earnestness without the least mixture of unction.

Often earnestness is mistaken for this unction. He who has the divine unction will be earnest in the very spiritual nature of things, but there may be a vast deal of earnestness without the least mixture of unction.

Earnestness and unction look alike from some points of view. Earnestness may be readily and without detection substituted or mistaken for unction. It requires a spiritual eye and a spiritual taste to discriminate.

Earnestness may be sincere, serious, ardent, and persevering. It goes at a thing with good will, pursues it with perseverance, and urges it with ardor; puts force in it. But all these forces do not rise higher than the mere human. The man is in it-the whole man, with all that he has of will and heart, of brain and genius, of planning and working and talking. He has set himself to some purpose which has mastered him, and he pursues to master it. There may be none of God in it. There may be little of God in it, because there is so much of the man in it. He may present pleas in advocacy of his earnest purpose which please or touch and move or overwhelm with conviction of their importance; and in all this earnestness may move along earthly ways, being propelled by human forces only, its altar made by earthly hands and its fire kindled by earthly flames. It is said of a rather famous preacher of gifts, whose construction of Scripture was to his fancy or purpose, that he "grew very eloquent over his own exegesis." So men grow exceeding earnest over their own plans or movements. Earnestness may be selfishness simulated.

What of unction? it is the indefinable in preaching which makes it preaching. It is that which distinguishes and separates preaching from all mere human addresses. It is the divine in preaching. It makes the preaching sharp to those who need sharpness. It distills as the dew to those who need to he refreshed. It is well described as:

"a two-edged sword
Of heavenly temper keen,
And double were the wounds it made
Wherever it glanced between.
'Twas death to silt; 'twas life
To all who mourned for sim.
It kindled and it silenced strife,
Made war and peace within."

This unction comes to the preacher not in the study but in the closet. It is heaven's distillation in answer to prayer. It is the sweetest exhalation of the Holy Spirit. It impregnates, suffuses, softens, percolates, cuts, and soothes. It carries the Word like dynamite, like salt, like sugar; makes the Word a soother, and arranger, a revealer, a searcher; makes the hearer a culprit or a saint, makes him weep like a child and live like a giant; opens his heart and his purse as gently, yet as strongly as the spring opens the leaves. This unction is not the gift of genius. It is not found in the halls of learning. No eloquence can woo it. No industry can win it. No prelatical hands can confer it. It is the gift of God - the signet set to his own messengers. It is heaven's knighthood given to the chosen true and brave ones who have sought this anointed honor through many an hour of tearful, wrestling prayer.

Earnestness is good and impressive: genius is gifted and great. Thought kindles and inspires, but it takes a diviner endowment,

a more powerful energy than earnestness or genius or thought to break the chains of sin, to win estranged and depraved hearts to God, to repair the breaches and restore the Church to her old ways of purity and power. Nothing but this holy unction can do this.

16. Much Prayer the Price of Unction

All the minister's efforts will be vanity or worse than vanity if he have not unction. Unction must come down from heaven and spread a savor and feeling and relish over his ministry; and among the other means of qualifying himself for his office, the Bible must hold the first place, and the last also must be given to the Word of God and prayer.

— *Richard Cecil*

In the Christian system unction is the anointing of the Holy Ghost, separating unto God's work and qualifying for it. This unction is the one divine enablement by which the preacher accomplishes the peculiar and saving ends of preaching. Without this unction there are no true spiritual results accomplished; the results and forces in preaching do not rise above the results of unsanctified speech. Without unction the former is as potent as the pulpit.

This divine unction on the preacher generates through the Word of God the spiritual results that flow from the gospel; and without this unction, these results are not secured. Many pleasant

impressions may be made, but these all fall far below the ends of gospel preaching. This unction may be simulated. There are many things that look like it, there are many results that resemble its effects; but they are foreign to its results and to its nature. The fervor or softness excited by a pathetic or emotional sermon may look like the movements of the divine unction, but they have no pungent, perpetrating heart-breaking force. No heart-healing balm is there in these surface, sympathetic, emotional movements; they are not radical, neither sin-searching nor sin-curing.

This divine unction is the one distinguishing feature that separates true gospel preaching from all other methods of presenting truth. It backs and interpenetrates the revealed truth with all the force of God. It illumines the Word and broadens and enrichens the intellect and empowers it to grasp and apprehend the Word. It qualifies the preacher's heart, and brings it to that condition of tenderness, of purity, of force and light that are necessary to secure the highest results. This unction gives to the preacher liberty and enlargement of thought and soul—a freedom, fullness, and directness of utterance that can be secured by no other process.

Without this unction on the preacher the gospel has no more power to propagate itself than any other system of truth. This is the seal of its divinity. Unction in the preacher puts God in the gospel. Without the unction, God is absent, and the gospel is left to the low and unsatisfactory forces that the ingenuity, interest, or talents of men can devise to enforce and project its doctrines.

It is in this element that the pulpit oftener fails than in any other element, Just at this all-important point it lapses. Learning it may have, brilliancy and eloquence may delight and charm, sensation or less offensive methods may bring the populace in crowds, mental power may impress and enforce truth with all its resources; but with out this unction, each and all these will be but as the fretful assault of the waters on a Gibraltar. Spray and foam may cover and spangle; but the rocks are there still, unimpressed and unimpressible. The human heart can no more be swept of its hardness and sin by these human forces than these rocks can be swept away by the ocean's ceaseless flow.

This unction is the consecration force, and its presence the continuous test of that consecration. It is this divine anointing on the preacher that secures his consecration to God and his work. Other forces and motives may call him to the work, but this only is consecration. A separation to God's work by the power of the Holy Spirit is the only consecration recognized by God as legitimate.

The unction, the divine unction, this heavenly anointing, is what the pulpit needs and must have. This divine and heavenly oil put on it by the imposition of God's hand must soften and lubricate the whole man-heart, head, spirit-until it separates him with a mighty separation from all earthly, secular, worldly, selfish motives and aims, separating him to everything that is pure and Godlike.

It is the presence of this unction on the preacher that creates the stir and friction in many a congregation. The same truths have been told in the strictness of the letter, but no ruffle has been seen, no

pain or pulsation felt. All is quiet as a graveyard. Another preacher comes, and this mysterious influence is on him; the letter of the Word has been fired by the Spirit, the throes of a mighty movement are felt, it is the unction that pervades and stirs the conscience and breaks the heart. Unctionless preaching makes everything hard, dry, acrid, dead.

This unction is not a memory or and era of the past only; it is a present, realized, conscious fact. It belongs to the experience of the man as well as to his preaching. It is that which transforms him into the image of his divine Master, as well as that by which he declares the truths of Christ with power. It is so much the power in the ministry as to make all else seem feeble and vain without it, and by its presence to atone for the absence of all other and feebler forces.

This unction is not an inalienable gift. It is a conditional gift, and its presence is perpetuated and increased by the same process by which it was at first secured; by unceasing prayer to God. by impassioned desires after God, by estimating it, by seeking it with tireless ardor, by deeming all else loss and failure without it.

How and whence comes this unction? Direct from God in answer to prayer. Praying hearts only are the hearts filled with this holy oil; praying lips only are anointed with this divine unction.

Prayer, much prayer, is the price of preaching unction; prayer, much prayer, is the one, sole condition of keeping this unction. Without unceasing prayer the unction never comes to the preacher. Without perseverance in prayer, the unction, like the manna overkept, breeds worms.

17. Prayer Marks Spiritual Leadership

Give me one hundred preachers who fear nothing but sin and desire
nothing but God, and I care not a straw whether they be clergymen or
laymen; such alone will shake the gates of hell and set up the kingdom of
heaven on earth. God does nothing but in answer to prayer.

— *John Wesley*

The apostles knew the necessity and worth of prayer to their
ministry. They knew that their high commission as apostles, instead
of relieving them from the necessity of prayer, committed them to
it by a more urgent need; so that they were exceedingly jealous else
some other important work should exhaust their time and prevent
their praying as they ought; so they appointed laymen to look after
the delicate and engrossing duties of ministering to the poor, that
they (the apostles)might, unhindered, "give themselves continually
to prayer and to the ministry of the word." Prayer is put first, and
their relation to prayer is put most strongly-give themselves to it,"
making a business of it, surrendering themselves to praying, putting
fervor, urgency, perseverance, and time in it.

How holy, apostolic men devoted themselves to this divine work
of prayer! "Night and day praying exceedingly," says Paul. "We will
give ourselves continually to prayer" is the consensus of apostolic
devotement. How these New Testament preachers laid themselves
out in prayer for God's people! How they put God in full force into
their Churches by their praying! These holy apostles did not vainly
fancy that they had met their high and solemn duties by delivering

faithfully God's word, but their preaching was made to stick and tell by the ardor and insistence of their praying. Apostolic praying was as taxing, toilsome, and imperative as apostolic preaching. They prayed mightily day and night to bring their people to the highest regions of faith and holiness. They prayed mightier still to hold them to this high spiritual altitude. The preacher who has never learned in the school of Christ the high and divine art of intercession for his people will never learn the art of preaching, though homiletics be poured into him by the ton, and though he be the most gifted genius in sermon-making and sermon-delivery.

The prayers of apostolic, saintly leaders do much in making saints of those who are not apostles. If the Church leaders in after years had been as particular and fervent in praying for their people as the apostles were, the sad, dark times of worldliness and apostasy had not marred the history and eclipsed the glory and arrested the advance of the Church. Apostolic praying makes apostolic saints and keeps apostolic times of purity and power in the Church.

What loftiness of soul, what purity and elevation of motive, what unselfishness, what self-sacrifice, what exhaustive toil, what ardor of spirit, what divine tact are requisite to be an intercessor for men!

The preacher is to lay himself out in prayer for his people; not that they might be saved, simply, but that they be mightily saved. The apostles laid themselves out in prayer that their saints might be perfect; not that they should have a little relish for the things of God, but that they "might be filled with all the fullness of God." Paul did not rely on his apostolic preaching to secure this end,

but "for this cause he bowed his knees to the Father of our Lord Jesus Christ." Paul's praying carried Paul's converts farther along the highway of sainthood than Paul's preaching did. Epaphras did as much or more by prayer for the Colossian saints than by his preaching. He labored fervently always in prayer for them that "they might stand perfect and complete in all the will of God."

Preachers are preeminently God's leaders. They are primarily responsible for the condition of the Church. They shape its character, give tone and direction to its life.

Much every way depends on these leaders. They shape the times and the institutions. The Church is divine, the treasure it incases is heavenly, but it bears the imprint of the human. The treasure is in earthen vessels, and it smacks of the vessel. The Church of God makes, or is made by, its leaders. Whether it makes them or is made by them, it will be what its leaders are; spiritual if they are so, secular if they are, conglomerate if its leaders are. Israel's kings gave character to Israel's piety. A Church rarely revolts against or rises above the religion of its leaders. Strongly spiritual leaders; men of holy might, at the lead, are tokens of God's favor; disaster and weakness follow the wake of feeble or worldly leaders. Israel had fallen low when God gave children to be their princes and babes to rule over them. No happy state is predicted by the prophets when children oppress God's Israel and women rule over them. Times of spiritual leadership are times of great spiritual prosperity to the Church.

Prayer is one of the eminent characteristics of strong spiritual

leadership. Men of mighty prayer are men of might and mold things. Their power with God has the conquering tread.

How can a man preach who does not get his message fresh from God in the closet? How can he preach with out having his faith quickened, his vision cleared, and his heart warmed by his closeting with God? Alas, for the pulpit lips which are untouched by this closet flame. Dry and unctionless they will ever be, and truths divine will never come with power from such lips. As far as the real interests of religion are concerned, a pulpit without a closet will always be a barren thing.

A preacher may preach in an official, entertaining, or learned way without prayer, but between this kind of preaching and sowing God's precious seed with holy hands and prayerful, weeping hearts there is an immeasurable distance.

A prayerless ministry is the undertaker for all God's truth and for God's Church. He may have the most costly casket and the most beautiful flowers, but it is a funeral, notwithstanding the charmful array. A prayerless Christian will never learn God's truth; a prayerless ministry will never be able to teach God's truth. Ages of millennial glory have been lost by a prayerless Church. The coming of our Lord has been postponed indefinitely by a prayerless Church. Hell has enlarged herself and filled her dire caves in the presence of the dead service of a prayerless Church.

The best, the greatest offering is an offering of prayer. If the preachers of the twentieth century will learn well the lesson of prayer, and use fully the power of prayer, the millennium will come to its noon ere the century closes. "Pray without ceasing"

is the trumpet call to the preachers of the twentieth century. If the twentieth century will get their texts, their thoughts, their words, their sermons in their closets, the next century will find a new heaven and a new earth. The old sin-stained and sin-eclipsed heaven and a earth will pass away under the power of a praying ministry.

18. Preachers Need the Prayers of the People

If some Christians that have been complaining of their ministers had said and acted less before men and had applied themselves with all their might to cry to God for their ministers-had, as it were, risen and stormed heaven with their humble, fervent and incessant prayers for them-they would have been much more in the way of success.

— *Jonathan Edwards*

Somehow the practice of praying in particular for the preacher has fallen into disuse or become discounted. Occasionally have we heard the practice arraigned as a disparagement of the ministry, being a public declaration by those who do it of the inefficiency of the ministry. It offends the pride of learning and self-sufficiency, perhaps, and these ought to be offended and rebuked in a ministry that is so derelict as to allow them to exist.

Prayer, to the preacher, is not simply the duty of his profession, a privilege, but it is a necessity. Air is not more necessary to the lungs than prayer is to the preacher. It is absolutely necessary for

the preacher to pray. It is an absolute necessity that the preacher be prayed for. These two propositions are wedded into a union which ought never to know any divorce: the preacher must pray; the preacher must be prayed for. It will take all the praying he can do, and all the praying he can get done, to meet the fearful responsibilities and gain the largest, truest success in his great work. The true preacher, next to the cultivation of the spirit and fact of prayer in himself, in their intensest form, covets with a great covetousness the prayers of God's people.

The holier a man is, the more does he estimate prayer; the clearer does he see that God gives himself to the praying ones, and that the measure of God's revelation to the soul is the measure of the soul's longing, importunate prayer for God. Salvation never finds its way to a prayerless heart. The Holy Spirit never abides in a prayerless spirit. Preaching never edifies a prayerless soul. Christ knows nothing of prayerless Christians. The gospel cannot be projected by a prayerless preacher. Gifts, talents, education, eloquence, God's call, cannot abate the demand of prayer, but only intensify the necessity for the preacher to pray and to be prayed for. The more the preacher's eyes are opened to the nature, responsibility, and difficulties in his work, the more will he see, and if he be a true preacher the more will he feel, the necessity of prayer; not only the increasing demand to pray himself, but to call on others to help him by their prayers.

Paul is an illustration of this. If any man could project the gospel by dint of personal force, by brain power, by culture, by personal

grace, by God's apostolic commission, God's extraordinary call, that man was Paul. That the preacher must be a man given to prayer, Paul is an eminent example. That the true apostolic preacher must have the prayers of other good people to give to his ministry its full quota of success, Paul is a preeminent example. He asks, he covets, he pleads in an impassioned way for the help of all God's saints. He knew that in the spiritual realm, as elsewhere, in union there is strength; that the concentration and aggregation of faith, desire, and prayer increased the volume of spiritual force until it became overwhelming and irresistible in its power. Units of prayer combined, like drops of water, make an ocean which defies resistance. So paul, with his clear and full apprehension of spiritual dynamics, determined to make his ministry as impressive, as eternal, as irresistible as the ocean by gathering all the scattered units of prayer and precipitating them on his ministry. may not the solution of Paul's preeminence in labors and results, and impress on the Church and the world, be found in this fact that he was able to center on himself and his ministry more of prayer than others? To his brethren at Rome he wrote: "Now I beseech you, brethren, for the Lord Jesus Christ's sake, and for the love of the Spirit, that ye strive together with me in prayers to God for me." To the Ephesians he ways: "Praying always with all prayer and supplication in the Spirit, and watching thereunto with all perseverance and supplication for all saints; and for me, that utterance may be given unto me, that I may open my mouth blodly, to make known the mystery of the gospel." To the Colossians he emphasized:

"Withal praying also for us, that God would open unto us a door of utterance, to speak the mystery of Christ, for which I am also in bonds: that I may make it manifest as I ought to speak." To the Thessalonians he says sharply, strongly: "Brethren, pray for us." Paul calls on the Corinthian Church to help him: "Ye also helping together by prayer for us." This was to be part of their work. They were to lay to the helping hand of prayer. He in an additional and closing charge to the Thessalonian Church about the importance and necessity of their prayers says: "Finally, brethren, pray for us, that the word of the Lord may have free course, and be glorified, even as it is with you: and that we may be delivered from unreasonable and wicked men." He impresses the Philippians that all his trials and opposition can be made subservient to the spread of the gospel by the efficiency of their prayers for him. Philemon was to prepare a lodging for him, for through Philemon's prayer Paul was to be his guest.

Paul's attitude on this question illustrates his humility and his deep insight into the spiritual forces which project the gospel. More than this, it teaches a lesson for all times, that if Paul was so dependent on the prayers of God's saints to give his ministry success, how much greater the necessity that the prayers of God's saints be centered on the ministry of to-day!

Paul did not feel that this urgent plea for prayer was to lower his dignity, lessen his influence, or depreciate his piety. What if it did? Let dignity go, let influence be destroyed, let his reputation be marred-he must have their prayers. Called, commissioned, chief of

the Apostles as he was, all his equipment was imperfect without the prayers of his people. He wrote letters everywhere, urging them to pray for him. Do you pray for your preacher? Do you pray for him in secret? Public prayers are of little worth unless they are founded on or followed up by private praying. The praying ones are to the preacher as Aaron and Hur were to Moses. They hold up his hands and decide the issue that is so fiercely raging around them.

The plea and purpose of the apostles were to put the Church to praying. They did not ignore the grace of cheerful giving. They were not ignorant of the place which religious activity and work occupied an the spiritual life; but not one nor all of these, in apostolic estimate or urgency, could at all compare in necessity and importance with prayer. The most sacred and urgent pleas were used, the most fervid exhortations, the most comprehensive and arousing words were uttered to enforce the all-important obligation and necessity of prayer.

"Put the saints everywhere to praying" is the burden of the apostolic effort and the keynote of apostolic success. Jesus Christ had striven to do this in the days of his personal ministry. As he was moved by infinite compassion at the ripened fields of earth perishing for lack of laborers and pausing in his own praying-he tries to awaken the stupid sensibilities of his disciples to the duty of prayer as he charges them, "Pray ye the Lord of the harvest that he will send forth laborers into his harvest." "And he spake a parable unto them to this end, that men ought always to pray and not to faint."

19. Deliberation Necessary to Largest Results from Prayer

This perpetual hurry of business and company ruins me in soul if not in body. More solitude and earlier hours! I suspect I have been allotting habitually too little time to religious exercises, as private devotion and religious meditation, Scripture-reading, etc. Hence I am lean and cold and hard. I had better allot two hours or an hour and a half daily. I have been keeping too late hours, and hence have had but a hurried half hour in a morning to myself. Surely the experience of all good men confirms the proposition that without a due measure of private devotions the soul will grow lean. But all may be done through prayer-almighty prayer, I am ready to sa-and who not? For that it is almighty is only through the gracious ordination of the God of love and truth. O then, pray, pray, pray!

— *William Wilberforce*

Our devotions are not measured by the clock, but time is of their essence. The ability to wait and stay and press belongs essentially to our intercourse with God. Hurry, everywhere unseeming and damaging, is so to an alarming extent in the great business of communion with God. Short devotions are the bane of deep piety. Calmness, grasp, strength, are never the companions of hurry. Short devotions deplete spiritual vigor, arrest spiritual progress, sap spiritual foundations, blight the root and bloom of spiritual life. They are the prolific source of backsliding, the sure indication of a superficial piety; they deceive, blight, rot the seed, and impoverish the soil.

It is true that Bible prayers in word and print are short, but the

praying men of the Bible were with God through many a sweet and holy wrestling hour. They won by few words but long waiting. The prayers Moses records may be short, but Moses prayed to God with fastings and mighty cryings forty days and nights.

The statement of Elijah's praying may be condensed to a few brief paragraphs, but doubtless Elijah, who when "praying he prayed," spent many hours of fiery struggle and lofty intercourse with God before he could, with assured boldness, say to Ahab, "There shall not be dew nor rain these years, but according to my word." The verbal brief of Paul's prayers is short, but Paul "prayed night and day exceedingly." The "Lord's Prayer" is a divine epitome for infant lips, but the man Christ Jesus prayed many an all-night ere his work was done; and his all-night and long-sustained devotions gave to his work its finish and perfection, and to his character the fullness and glory of its divinity.

Spiritual work is taxing work, and men are loath to do it. Praying, true praying, costs an outlay of serious attention and of time, which flesh and blood do not relish. Few persons are made of such strong fiber that they will make a costly outlay when surface work will pass as well in the market. We can habituate ourselves to our beggarly praying until it looks well to us, at least it keeps up a decent form and quiets conscience-the deadliest of opiates! We can slight our praying, and not realize the peril till the foundations are gone. Hurried devotions make weak faith, feeble convictions, questionable piety. To be little with God is to be little for God. To cut short the praying makes the whole religious character short,

scrimp, niggardly, and slovenly.

It takes good time for the full flow of God into the spirit. Short devotions cut the pipe of God's full flow. It takes time in the secret places to get the full revelation of God. Little time and hurry mar the picture.

Henry Martyn laments that "want of private devotional reading and shortness of prayer through incessant sermon-making had produced much strangeness between God and his soul." He judged that he had dedicated too much time tp public ministrations and too little to private communion with God. He was much impressed to set apart times for fast-ing and to devote times for solemn prayer. Resulting from this he records: "Was assisted this morning to pray for two hours." Said William Wilberforce, the peer of kings: "I must secure more time for private devotions. I have been living far too public for me. The shortening of private devotions starves the soul; it grows lean and faint. I have been keeping too late hours." Of a failure in Parliament he says: "Let me record my grief and shame, and all, probably, from private devotions having been contracted, and so God let me stumble." More solitude and earlier hours was his remedy.

More time and early hours for prayer would act like magic to revive and invigorate many a decayed spiritual life. More time and early hours for prayer would be manifest in holy living. A holy life would not be so rare or so difficult a thing if our devotions were not so short and hurried. A Christly temper in its sweet and passionless fragrance would not be so alien and hopeless a heritage

if our closet stay were lengthened and intensified. We live shabbily because we pray meanly. Plenty of time to feast in our closets will bring marrow and fatness to our lives. Our ability to stay with God in our closet measures our ability to stay with God out of the closet. Hasty closet visits are deceptive, defaulting. We are not only deluded by them, but we are losers by them in many ways and in many rich legacies. Tarrying in the closet instructs and wins. We are taught by it, and the greatest victories are often the results of great waiting-waiting till words and plans are exhausted, and silent and patient waiting gains the crown. Jesus Christ asks with an affronted emphasis, "Shall not God avenge his own elect which cry day and night unto him?"

To pray is the greatest thing we can do: and to do it well there must be calmness, time, and deliberation; otherwise it is degraded into the littlest and meanest of things. True praying has the largest results for good; and poor praying, the least. We cannot do too much of real praying; we cannot do too little of the sham. We must learn anew the worth of prayer, enter anew the school of prayer. There is nothing which it takes more time to learn. And if we would learn the wondrous art, we must not give a fragment here and there-"A little talk with jesus," as the tiny saintlets sing-but we must demand and hold with iron grasp the best hours of the day for God and prayer, or there will be no praying worth the name.

This, however, is not a day of prayer. Few men there are who pray. Prayer is defamed by preacher and priest. In these days of hurry and bustle, of electricity and steam, men will not take time

to pray. Preachers there are who "say prayers" as a part of their programme, on regular or state occasions; but who "stirs himself up to take hold upon God?" Who prays as Jacob prayed-till he is crowned as a prevailing, princely intercessor? Who prays as Elijah prayed-till all the locked-up forces of nature were unsealed and a famine-stricken land bloomed as the garden of God? Who prayed as Jesus Christ prayed as out upon the mountain he "continued all night in prayer to God? The apostles "gave themselves to prayer"- the most difficult thing to get men or even the preachers to do. Laymen there are who will give their money-some of them in rich abundance-but they will not "give themselves" tp prayer, without which their money is but a curse. There are plenty of preachers who will preach and deliver great and eloquent addresses on the need of revival and the spread of the kingdom of God, but not many there are who will do that without which all preaching and organizing are worse than vain-pray. It is out of date almost a lost art, and the greatest benefactor this age could have is the man who will bring the preachers and the Church back tp prayer.

20. A Praying Pulpit Begets a Praying Pew

I judge that my prayer si more than the devil himself; if it were otherwise, Luther would have hared differently long before this. Yet men will not see and acknowledge the great wonders or miracles God works in my behalf. If I should neglect prayer but a single day,

I should lose a great deal of the fire of faith.

—*Martin Luther*

Only glimpses of the great importance of prayer could the apostles get before Pentecost. But the Spirit coming and filling on Pentecost elevated prayer to its vital and all-commanding position in the gospel of Christ. The call now of prayer to every saint is the Spirit's loudest and most exigent call. Sainthood's piety is made, refined, perfected, by prayer. The gospel moves with slow and timid pace when the saints are not at their prayers early and late and long.

Where are the Christly leaders who can teach the modern saints how to pray and put them at it? Do we know we are raising up a prayerless set of saints? Where are the apostolic leaders who can put God's people to praying? Let them come to the front and do the work, and it will be the greatest work which can be done. An increase of educational facilities and a great increase of money force will be the direst curse to religion if they are not sanctified by more and better praying than we are doing. More praying will not come as a matter of course. The campaign for the twentieth or thirtieth century fund will not help our praying but hinder if we are not careful. Nothing but a specific effort from a praying leadership will avail. The chief ones must lead in the apostolic effort to radicate the vital importance and fact of prayer in the heart and life of the Church. None but praying leaders can have praying followers. Praying apostles will beget praying saints. A praying pulpit will beget praying pews. We do greatly need some body who can set the saints to this business of praying. We are not a generation of praying saints. Non-praying saints are a beggarly gang of saints who

have neither the ardor nor the beauty nor the power of saints. Who will re-store this breach? The greatest will he be of reformers and apostles, who can set the Church tp praying.

We put it as our most sober judgment that the great need of the Church in this and all ages is men of such commanding faith, of such unsullied holiness, of such marked spiritual vigor and consuming zeal, that their prayers, faith, lives, and ministry will be of such a radical and aggressive form as to work spiritual revolutions which will form eras in individual and Church life.

We do not mean men who get up sensational stirs by novel devices, nor those who attract by a pleasing entertainment; but men who can stir things, and work revolutions by the preaching of God's Word and by the power of the Holy Ghost, revolutions which change the whole current of things.

Natural ability and educational advantages do not figure as factors in this matter; but capacity for faith, the ability to pray, the power of thorough consecration, the ability of self-littleness, an absolute losing of one's self in God's glory, and an ever-present and insatiable yearning and seeking after all the fullness of God-men who can set the Church ablaze for God; not in a noisy, showy way, but with an intense and quiet heat that melts and moves everything for God.

God can work wonders if he can get a suitable man. Men can work wonders if they can get God to lead them. The full endowment of the spirit that turned the world upside down would be eminently in these latter days. Men who can stir things mightily for God, whose spiritual revolutions change the whole aspect of things, are the universal need of the Church.

The Church has never been without these men; they adorn its history; they are the standing miracles of the divinity of the Church; their example and history are an unfailing inspiration and blessing. An increase in their number and power should be our prayer.

That which has been done in spiritual matters can be done again, and be better done. This was Christ's view. He said "Verily, verily, I say unto you, He that believeth on me, the works that I do shall he do also; and greater works than these shall he do; because I go unto my Father." The past has not exhausted the possibilities nor the demands for doing great things for God. The Church that is dependent on its past history for its miracles of power and grace is a fallen Church.

God wants elect men-men out of whom self and the world have gone by a severe crucifixion, by a bankruptcy which has so totally ruined self and the world that there is neither hope nor desire of recovery; men who by this insolvency and crucifixion have turned toward God perfect hearts.

Let us pray ardently that God's promise to prayer may be more than realized.

지은이 E. M. 바운즈(Edward McKendree Bounds, 1835~1913)

E. M. 바운즈는 미국 남감리회(Methodist Episcopal Church South) 목사이자 저술가로서 기도를 주제로 한 아홉 권의 책을 포함하여 모두 열한 권의 책을 썼다. 법조계에서 일했던 부친의 영향으로 열아홉 살 때 변호사를 개업했고, 3년 후에는 남감리회에서 말씀을 전하기 시작했다. 미주리 주 브런즈윅에서 목회를 할 때 남북전쟁이 일어났고, 연방정부에 대한 충성 선서를 거부한 죄로 감옥에 갇히는 신세가 되었다. 석방된 후에는 전쟁이 끝날 때까지 미주리 제5연대 군목으로 사역했다. 지은 책으로는 『기도의 능력』, 『기도의 위인들』, 『순수 영성』 등이 있다.

옮긴이 강봉재

건국대학교 영어영문학과를 졸업하고 미국 오하이오대학교 대학원에서 언어학(M. A.)을, 감리교신학대학교 목회신학대학원에서 신학(M. Div.)을 공부하였다. 현재 서울 영동일고등학교 영어교사로 재직 중이다.
옮긴 책으로는 『귀 없는 리더? 귀 있는 리더!』, 『버거킹에서 기도하기』, 『베리타스 포럼 이야기』(IVP), 『십계명』, 『내가 자랑하는 복음』, 『회개』(복 있는 사람), 『세상을 뒤집는 기독교』, 『세계화에 맞서는 기독교적 증언』(새물결플러스), 『부러진 십자가』(아바서원) 등이 있다.

기도의 능력

발행일 2014년 03월 10일 초판 1쇄
　　　　2019년 11월 15일 개정판 1쇄

지은이 E.M. 바운즈
옮긴이 강봉재
발행인 고영래
발행처 미래사CROSS

주소 서울시 마포구 신수로 60 2층
전화 (02)773-5680
팩스 (02)773-5685
이메일 miraebooks@daum.net
등록 1995년 6월 17일(제2016-000084호)